チャート式® シリーズ

中学 英語

総仕上げ

数研出版
https://www.chart.co.jp

本書の特長と使い方

本書は，中学３年間の総復習と高校入試対策が１冊でできる問題集です。「復習編」と「入試対策編」の２編構成となっており，入試に向けて段階的に力をつけることができます。

1 復習編 Check! → Try! の２ステップで，中学３年間の総復習をしましょう。

Check!
単元の要点を確認する基本問題です。

Try!
基礎知識を応用して解く問題です。

側注のアイコン

復習メモ
特に重要度の高い復習事項です。

アドバイス
問題を解くためのヒントです。

くわしく
文法の補足的な説明です。

単語帳
文中の単語や熟語の紹介です。

2 入試対策編
入試で必ず問われるテーマを取り上げています。入試に向けて実戦力を強化しましょう。

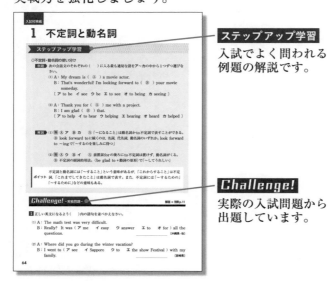

ステップアップ学習
入試でよく問われる例題の解説です。

Challenge!
実際の入試問題から出題しています。

3 総合テスト
巻末の４ページはテストになっています。入試本番前の力試しをしましょう。

もくじ

一緒に
がんばろう！

数研出版公式キャラクター
数犬チャ太郎

1 be動詞の文

Check! −基本問題−

解答 ⇒ 別冊p.1

次の日本文に合うように，_____に適する語を入れなさい。

1 be動詞の文（現在）

(1) ぼくはタナカ・ケントです。ぼくは中学生です。

I _____ Tanaka Kento.

_____ a junior high school student.

(2) あなたは親切ですね。

_____ kind.

(3) こちらは私のいとこです。彼女は高校生です。

_____ _____ my cousin.

_____ _____ a high school student.

(4) あれは彼の家ではありません。

_____ _____ _____ his house.

(5) 彼はサッカー選手です。

_____ _____ a soccer player.

(6) 私は幸せではありません。私は悲しいです。

_____ _____ happy. _____ sad.

(7) 彼女は今教室にいません。

_____ _____ in the classroom now.

(8) 私たちは兄弟ではありません。

_____ _____ brothers.

(9) 彼らは仲のよい友達です。

_____ _____ good friends.

(10) メアリーはカナダ出身です。

Mary _____ _____ Canada.

(11) あなたはバレーボールチームのメンバーです。

You _____ a member of the volleyball team.

 復習メモ

be動詞は，主語によって次のように変化する。
- I → am
- you / we / they → are
- he / she / it / this / that → is

 復習メモ

主語＋be動詞の短縮形
- I am → I'm
- you are → you're
- he is → he's
- she is → she's
- it is → it's

💬 アドバイス

1 (1)(2)(6)～(8)は短縮形を使う。

✅ 復習メモ

be動詞＋notの短縮形
- are not → aren't
- is not → isn't

短縮形で使う〈'〉という記号を，アポストロフィというよ。

💬 アドバイス

1 (10) 〈be動詞＋from〉で「～出身です」

2 be動詞の文（過去）

(1) 私はそのとき，疲れていました。

_____ _____ tired then.

(2) あなたは昨日，学校に遅刻しました。

_____ _____ late for school yesterday.

(3) 先週の日曜日は晴れていました。

_____ _____ sunny last Sunday.

(4) 私たちは，昨年同じクラスではありませんでした。

_____ _____ in the same class last year.

(5) 父は先週，北海道にいました。

My _____ _____ in Hokkaido last week.

(6) 妹と私は昨夜，私たちの部屋にはいませんでした。

My sister and I _____ in our room last night.

(7) オレンジジュースは冷たくありませんでした。

The orange juice _____ cold.

(8) 私の両親は中学校でクラスメイトでした。

_____ _____ _____ classmates in junior high school.

3 There is 〜．の文

(1) 私の家の近くには消防署があります。

_____ _____ fire station near my house.

(2) この箱の中には何冊かの本が入っています。

_____ _____ _____ books in this box.

(3) その公園にはテニスコートがありました。

_____ _____ a tennis court in the park.

(4) その湖の近くには3つのキャンプ場がありました。

_____ _____ three campgrounds near the lake.

(5) ナンシーから返事はありませんでした。

_____ _____ _____ answer from Nancy.

(6) この町には映画館が1つもありません。

_____ _____ _____ movie theaters in this town.

✓ 復習メモ
be動詞で過去のことを表すときは，was または were を使う。was / were は主語に合わせて次のように使い分ける。
・I / he / she / it → was
・you / we / they → were

✓ 復習メモ
was not の短縮形は wasn't
were not の短縮形は weren't

🔍 くわしく
2 (5)(6)〈主語＋was / were＋場所〉「〜にいた」

💬 アドバイス
2 (8) 両親は2人を指す言葉なので複数形。

💬 アドバイス
3 (1) fire station には冠詞が必要なので，1つめの空欄には There is の短縮形を入れる。

✓ 復習メモ
there is の短縮形は there's
there are の短縮形は there're

💬 アドバイス
3 (2)(4)(6) 名詞の複数形を用いるときは，be動詞を複数形にする。

🔍 くわしく
3 (6) There is [are] no 〜．は「〜はありません」「〜はいません」という意味。There isn't [aren't] any 〜．と表すこともできる。

1 次の(　　)内から適する語を選びなさい。

(1) I (is / am / are) a basketball fan.

(2) It (were / isn't / are) my notebook.

(3) You (are / was / is) from Kyoto.

(4) Tom and I (am / is / are) good friends.

(5) My parents (was / are / were) in Okinawa last week.

2 現在形の文は過去形に，過去形の文は現在形に書きかえなさい。

(1) I'm very happy.　　　　　　　　　　　→ _____

(2) My grandfather is in the garden.　　→ _____

(3) There are five sheep on the hill.　　→ _____

(4) He wasn't a student of this school.　→ _____

(5) You were busy.　　　　　　　　　　　→ _____

3 次の日本文の意味を表す英文を，〔　　〕内の語句を並べかえて作りなさい。

(1) 私の好きな教科は英語と地理です。

My 〔 favorite / subjects / and / English / are / geography 〕

My _____.

(2) 神戸は日本の有名な港町です。

Kobe 〔 in / a / Japan / port city / is / famous 〕

Kobe _____.

(3) 世界には78億人の人がいます。

〔 people / in the world / There / 7.8 billion / are 〕

_____.

(4) こちらは私の父で，あちらはメグミのお父さんです。

〔 my father / is / and / that / Megumi's father / is / This 〕

_____.

4 次の英文を，（　　　）内の指示に従って書きかえなさい。

(1) This is my umbrella. （否定文に）

_____

(2) My aunt is a calligraphy teacher. （過去形の否定文に）

_____

(3) The man in the room wasn't my cousin. （現在形の肯定文に）

_____

(4) There aren't any books on the shelf. （noを使って同じ意味の文に）

_____

(5) There is no milk in the refrigerator. （anyを使って同じ意味の文に）

_____

5 次の英文を日本語になおしなさい。

(1) I am Mary Adams（メアリー・アダムス）． I'm from Australia.

_____

(2) Haruto is in the music room now.

_____

(3) There are many animals in the zoo.

_____

6 次の日本文を英語になおしなさい。

(1) ぼくの夢はサッカー選手になることです。

_____

(2) あなたは今，お腹がすいていますか。

_____

(3) これらの花はとても美しいです。

_____

(4) 今日は授業がありません。

_____

2 一般動詞の文

Check! −基本問題−

解答 ➡ 別冊p.1

次の日本文に合うように，_____に適する語を書きなさい。

1 一般動詞の文（現在）

(1) 私は果物が好きです。私は毎朝果物を食べます。

I _____ fruit. I _____ some fruit every morning.

(2) あなたはバドミントンがとてもじょうずです。
あなたはドラムもじょうずに演奏します。

You _____ badminton very well.

You _____ _____ drums well too.

(3) 私たちはそのパーティーには行きません。

We _____ _____ to the party.

(4) 私は兄と妹が1人ずついます。

I _____ _____ brother and _____ sister.

(5) トムは日本のアニメが好きです。

Tom _____ Japanese anime.

(6) 私の兄は毎日新聞を読みます。

My brother _____ a newspaper every day.

(7) タカシはたくさんのプラモデルを持っています。

Takashi _____ _____ lot of plastic models.

(8) 私の祖母はこの歌を知りません。

My grandmother _____ _____ this song.

(9) エミリーは日本の文化を学んでいます。
彼女は琴をとても上手に演奏します。

Emily _____ Japanese culture.

She _____ the *koto* very well.

(10) 兄と私は夜にテレビでスポーツニュースを見ます。

My brother and I _____ sports news on TV at night.

✓ 復習メモ
be動詞以外の動詞を一般動詞という。

楽器の名前の前には冠詞が必要だったね。

✓ 復習メモ
do notの短縮形はdon't
does notの短縮形はdoesn't

💬 アドバイス
1 (5)～(9)は，3人称単数現在。

✓ 復習メモ
3人称単数現在の動詞の変化
① ふつうの動詞
→語尾にsをつける
• like → likes
• play → plays
② s / x / sh / ch / o で終わる動詞
→語尾にesをつける
• go → goes
• do → does
• teach → teaches
③ 「子音字＋y」で終わる動詞
→語尾のyをiに変えてesをつける
• study → studies
④ 不規則に変化する動詞
• have → has

単語帳
1 (7) plastic models「プラモデル」

2 一般動詞の文（過去）

(1) 私は3日前に部屋を掃除しました。

_____ _____ my room three days ago.

(2) あなたは昨日，舞台でダンスをしました。

_____ _____ on the stage yesterday.

(3) 私は今朝，台所までスイカを運びました。

_____ _____ a watermelon to the kitchen this

morning.

(4) 私たちは，先月キャンプを楽しみました。

_____ _____ camping last month.

(5) 私はそのチケットがほしくありませんでした。

I _____ _____ the ticket.

(6) 父はそのスポーツ用品店に行き，黒いTシャツを買いました。

My father _____ _____ the sporting goods store

and _____ a black T-shirt.

(7) 雨は昨夜やみました。

The rain _____ last night.

(8) 私は今朝，早く起きましたが朝食を食べませんでした。

_____ _____ _____ early this morning, but I

_____ _____ breakfast.

3 look ＋形容詞

(1) あなたは忙しそうに見えます。

You _____ busy.

(2) 彼の母は，医師のように見えます。

His mother _____ _____ a doctor.

(3) このケーキはおいしそうです［おいしく見えます］。

This cake _____ good.

(4) あれらのマンガはおもしろそうに見えました。

Those comics _____ interesting.

(5) その花はチョウのように見えました。

The flower _____ _____ _____ butterfly.

✓ 復習メモ
過去形の文では，主語が何であっても動詞の形は同じ。

✓ 復習メモ
過去形の動詞の作り方
① ふつうの動詞
→語尾にedをつける
・play → played
・clean → cleaned
② eで終わる動詞
→語尾にdをつける
・like → liked
・dance → danced
③〈子音字＋y〉で終わる動詞
→語尾のyをiに変えてedをつける
・study → studied
・carry → carried
④〈短母音＋子音字〉で終わる動詞
→最後の文字を重ねてedをつける
・stop → stopped
・plan → planned
⑤ 不規則に変化する動詞
・go → went
・buy → bought

✓ 復習メモ
過去の文でよく使われる語
・last (last Sunday, last year)
・ago (two days ago, a week ago)
・yesterday
・then

✓ 復習メモ
「～に見える，～のようだ」という表現は次の形式をとる。
・〈look ＋形容詞〉
・〈look like ＋名詞〉

💬 アドバイス
3 主語や時制によって動詞の形が変わることに注意する。

💬 アドバイス
3 (5) 3つ目の空欄には冠詞が入る。Theとbutterflyに注目。

1 次の（　　）内から適する語を選びなさい。

(1) Kana (lives / live / lived) in Tokyo now.

(2) I (wants / want / want to) a new racket.

(3) You (go / went / goes) to the museum last week.

(4) My brother and I (plays / played / play) table tennis every day.

(5) My cat (runed / ran / run) away then.

(6) She (writes / wrote / write) a letter for her grandmother yesterday.

2 現在形の文は過去形に，過去形の文は現在形に書きかえなさい。

(1) Ryuji plays the drums in the music room.　→ _____

(2) My sister had white shoes.　→ _____

(3) Mina speaks English well.　→ _____

(4) I don't play the piano.　→ _____

(5) You didn't go to the library.　→ _____

3 次の日本文の意味を表す英文を，〔　　〕内の語句を並べかえて作りなさい。

(1) 私の叔父は，その中学校で理科を教えていました。

My 〔 science / taught / uncle / the junior high school / at 〕.

My _____.

(2) 私は昨日，友達と買い物に行きました。

I 〔 with / went / yesterday / my friends / shopping 〕.

I _____.

(3) 文化祭の舞台で，彼は俳優のようでした。

He 〔 like / actor / at / looked / the school festival / an / on the stage 〕.

He _____.

(4) 私は時々アリサやトムとテニスをします。

I 〔 and / tennis / Tom / sometimes / Alisa / play / with 〕.

I _____.

4 次の英文を，（　）内の指示に従って書きかえなさい。

(1) My brother likes fish. （否定文に）

_____

(2) I tell you the truth. （過去形の文に）

_____

(3) Alice didn't go to school by bus. （現在形の肯定文に）

_____

(4) I try the video game and like it. （過去形の文に）

_____

(5) I met Mr. Honda and talked with him. （現在形の文に）

_____

5 次の英文を日本語になおしなさい。

(1) My sister and I heard good news.

_____

(2) He doesn't like math and P.E.

_____

(3) Karen（カレン）has a present for her father in her bag.

_____

6 次の日本文を英語になおしなさい。

(1) 私は宿題をしました。

_____

(2) アンディ（Andy）は日本語をとても上手に話します。

_____

(3) 私の父は旅行中にたくさんの写真を撮りました。

_____

(4) その試合は午後4時に始まります。　　　　　　　　＊試合：match

_____

3 命令文・感嘆文

次の日本文に合うように，_____に適する語を入れなさい。

1 命令文

(1) 教科書の24ページを開きなさい。

_____ your textbook to page 24.

(2) 自分の席に戻りなさい。

_____ _____to your seat.

(3) この本を読んで，400字のレポートを書きない。

_____ this book and _____ a 400 word report.

(4) ミナ，食べる前に手を洗いなさい。

Mina, _____ your hands before eating.

(5) 私と一緒に来てください。 —— わかりました。

_____ _____ with me. —— OK.

(6) あなたのノートを見せてください。

_____ me your notebook, _____.

(7) 私はタナカ・アユミです。アユと呼んでください。

_____ Tanaka Ayumi.

_____ _____ me Ayu.

(8) 友達に親切にしなさい。

_____ kind to your friends.

(9) 授業中は騒いではいけません。

_____ _____ noisy in class.

(10) この川で泳いではいけません。

_____ _____ in this river.

(11) 心配しないでください，スグル。

_____ _____ _____, Suguru.

復習メモ
命令文は主語を省略して，動詞の原形で始める。be動詞の命令文は，原形beで始める。

アドバイス
1 (2)「戻る」という意味のbackを使う。

復習メモ
相手の名前を呼びかけるときは，文の最初か最後に名前をつける。名前と文はコンマで区切る。

アドバイス
1 (5)〜(7)(11) 命令口調を和らげ，ややていねいに依頼するときは，文の最初か最後にpleaseをつける。

復習メモ
禁止を表す命令文
「〜してはいけません」「〜するな」
① 一般動詞を使った文
命令文の前にDon'tを置く。
〈Don't＋動詞の原形〜.〉
② be動詞を使った文
〈Don't be＋形容詞〜.〉

(12) 2つのチームに分かれて，ゲームをしましょう。

_____ _____ two teams and _____ a game.

(13) ここで写真を撮りましょう。 —— はい，そうしましょう。

_____ _____ a picture here. —— Yes, _____.

(14) 時間を無駄にしないようにしましょう。

_____ _____ waste time.

2 感嘆文

(1) なんと天気のいい日でしょう。

_____ a nice day it is!

(2) この本はなんとおもしろいのでしょう。

_____ interesting this book is!

(3) 彼女の瞳はなんと美しいのでしょう。

_____ beautiful her eyes are!

(4) 彼らはなんとパワフルなんでしょう。

_____ powerful they _____!

(5) ここはなんて大きな公園なんでしょう。

_____ _____ big park this is!

(6) あなたはなんてついているんでしょう。

_____ _____ you are!

(7) なんと天気のいい日でしょう。

_____ _____ nice day!

(8) 彼らを見て。なんてアクロバティックなダンスなんでしょう。

_____ _____ them. _____ _____ acrobatic dance

it is!

(9) なんと心を打つ舞台[演劇]だったのでしょう。

_____ _____ moving drama that _____!

(10) びっくりした！

_____ _____ surprise!

(11) このお笑い芸人はなんておもしろいの。

_____ _____ this comedian is!

✅ 復習メモ

相手を勧誘する表現

① 肯定文「いっしょに～しましょう」
〈Let's ＋動詞の原形～.〉
② 否定文「～しないでおこう」
〈Let's not ＋動詞の原形～.〉
● 同意するときの答え方
— Yes, let's.
（はい，そうしましょう。）
— All right. / OK.
（いいですよ。）
● 同意しないときの答え方
— No, let's not.
（いいえ，やめましょう。）

🔍 くわしく

感嘆文「なんと～でしょう」

① 〈What a [an] ＋形容詞＋
名詞＋主語＋動詞!〉
→「形容詞＋名詞」を強調。
② 〈How ＋形容詞 [副詞] ＋主
語＋動詞!〉
→「形容詞 [副詞]」を強調。

💬 アドバイス

2 (4)(9) 現在の文か過去の文
かに注意。

2 (6)「ついている」は
luckyだよ。

💬 アドバイス

2 (7)(10) 感嘆文では，〈主語＋
動詞〉は省略されることもあ
る。

💬 アドバイス

2 (8) 2つ目の空欄には前置詞
が入る。

🎞 単語帳

2 (8) acrobatic「曲芸的な，
アクロバティックな」
(9) moving「感動させる」
(11) comedian「お笑い芸人，
コメディアン」

解答 ➡ 別冊p.2

Try! −応用問題−

1 次の(　　)内から適する語を選びなさい。

(1) (Stand / Seat / Study) up.

(2) Let's (do / have / go) lunch!

(3) (Go / Be / Do) quiet in the library.

(4) (How / What) a beautiful color!

(5) (What / How) tall he is!

2 次の日本文の意味を表す英文を,〔　　〕内の語句を並べかえて作りなさい。ただし, 使わない語が1語あります。

(1) ノートを出し[取り出し]なさい。

〔 out / take / notebook / your / come 〕.

_____.

(2) 約束を忘れないで。

〔 forget / promise / don't / your / to〕.

_____.

(3) もう一度言ってください。

〔 that / please / said / repeat 〕.

_____.

(4) 今週末, いっしょに映画に行きましょう。

〔 to / weekend / go / the / this / on / let's / movie 〕.

_____.

(5) これはなんて素敵なドレスなんでしょう。

〔 how / a / dress / is / what / nice / this 〕!

_____!

(6) あのコアラはなんてかわいいんでしょう。

〔 cute / is / that / how / what / koala 〕!

_____!

3 2つの文がほぼ同じ意味になるように，書きかえなさい。

(1) What a difficult question this is!

How _____

(2) How funny that comedy movie was!

What _____

(3) What tall buildings those are!

How _____

4 次の英文を，（　　）内の指示に従って書きかえなさい。

(1) You don't leave the door open. （禁止の命令文に）

_____

(2) You wash the dishes. （ていねいな言い方の命令文に）

_____

(3) We meet at the station at five. （勧誘の命令文に）

_____

(4) You are kind to old people. （命令文に）

_____

(5) Nancy was unlucky. （感嘆文に）

_____

5 次の日本文を英語になおしなさい。

(1) 全力で走りなさい。　　　　　　　　　　　　　　　＊全力で：at full speed

_____

(2) あきらめないで。

_____

(3) どうぞお座りください［どうぞお掛けください］。

_____

(4) 私は3匹の魚を買いました。　―― これらの魚はなんて新鮮なんでしょう。

（Howで始まる文で）

_____

(5) なんて悪い日［最悪な日］なんだ。　（Whatで始まる文で）

_____

4 いろいろな疑問文

Check! −基本問題−

解答 ➡ 別冊p.3

次の日本文に合うように，＿＿＿＿に適する語を入れなさい。

1 be動詞・一般動詞の疑問文

(1) あなたはカナダ出身ですか。
　　―― いいえ，違います。私はオーストラリア出身です。

　　＿＿＿＿ ＿＿＿＿ ＿＿＿＿ Canada?

　　―― No, ＿＿＿＿ ＿＿＿＿. ＿＿＿＿ ＿＿＿＿ Australia.

(2) あなたはアンダーソンさんですか。　―― はい，そうです。

　　＿＿＿＿ ＿＿＿＿ Ms. Anderson?

　　―― Yes, ＿＿＿＿ ＿＿＿＿.

(3) 彼は俳優ですか。　―― いいえ，違います。彼はモデルです。

　　＿＿＿＿ ＿＿＿＿ an actor?

　　―― No, ＿＿＿＿ ＿＿＿＿. He is a model.

(4) これは彼のサッカーボールですか。　―― はい，そうです。

　　＿＿＿＿ ＿＿＿＿ soccer ball?

　　―― Yes, ＿＿＿＿ ＿＿＿＿.

(5) あなたは先週の日曜日，忙しかったですか。

　　＿＿＿＿ ＿＿＿＿ busy last Sunday?

(6) あなたは傘を持ってきましたか。
　　―― いいえ，持ってきませんでした。

　　＿＿＿＿ ＿＿＿＿ have your umbrella with you?

　　―― No, ＿＿＿＿ ＿＿＿＿.

(7) 彼女は毎日トランペットを演奏しますか。

　　＿＿＿＿ ＿＿＿＿ ＿＿＿＿ ＿＿＿＿ trumpet every day?

(8) 彼らはその遊園地に行きますか。

　　＿＿＿＿ ＿＿＿＿ ＿＿＿＿ ＿＿＿＿ the amusement park?

(9) あなたは昨日，私のパソコンを使いましたか。

　　＿＿＿＿ ＿＿＿＿ use my PC yesterday?

復習メモ

be動詞の疑問文は，be動詞を主語の前に持ってくる。疑問文の終わりにはクエスチョンマーク (?) をつける。
- Are you 〜?「あなたは〜ですか」
- Is he 〜?「彼は〜ですか」
- Is she 〜?「彼女は〜ですか」
- Is this 〜?「これは〜ですか」
- Is that 〜?「あれは〜ですか」
- Is it 〜?「それは〜ですか」
- Are they 〜?「彼らは〜ですか」

復習メモ

Are you 〜?に答えるときは，Yes, I am.またはNo, I am [I'm] not.

復習メモ

Is this 〜?やIs that 〜?に答えるときは，Yes, it is.またはNo, it is [it's] not.

復習メモ

一般動詞の疑問文は，Do [Does] を文頭に置き，〈Do [Does]＋主語＋一般動詞 〜?〉話題が過去の場合は，文頭の動詞をDidにする。
答えるときは，〈Yes, ＋主語＋do [does / did].〉/ 〈No, ＋主語＋don't [doesn't / didn't].〉。

アドバイス

1 (6)〜(9)の1つ目の空欄には，現在の文で主語がI, you, we, theyのときはdo，主語がhe, she, itのときはdoesが入り，過去の文では主語が何であってもdidが入る。

単語帳

1 (8) amusement park「遊園地」

2 間接疑問文・否定疑問文・付加疑問文

(1) 私はトムがレベッカに何と言ったのか知りません。

I don't know _____ John said to Rebecca.

(2) あなたは悲しくないのですか。 —— いいえ，悲しいです。

_____ _____ sad? —— Yes, _____ _____.

(3) 私を信用していないの。 —— はい，信用していません。

_____ _____ trust me? —— No, _____ _____.

(4) この定規はあなたのものですね。

This ruler is yours, _____ _____?

(5) あなたのお母さんはこの歌を好きですよね。

Your mother likes this song, _____ _____?

3 疑問詞で始める疑問文

(1) 何時ですか。 —— 午後12時10分です。

_____ time is it? —— _____ 12:10 p.m.

(2) あの男性はだれですか。

——彼はブラウン先生です。私たちの英語の先生です。

_____ _____ that man?

—— He is Mr. Brown. _____ our English teacher.

(3) だれが吹奏楽部に所属していますか。

_____ belongs to the brass band club?

(4) どちらのバスが劇場に行きますか。 —— あのバスです。

_____ _____ _____ to the theater ?

—— That one _____.

(5) あなたは夏休みにどこへ行きましたか。

_____ _____ you go for your summer holidays?

(6) あの店はいつ開きますか。

_____ _____ that shop open?

(7) あなたたちはなぜ笑っているのですか。

_____ _____ you laughing?

✓ 復習メモ
間接疑問文は，〈疑問詞＋肯定文〉の語順になる。

間接疑問は名詞の働きをするから，2(1)では John said to Rebecca が動詞 know の目的語になるよ。

✓ 復習メモ
否定形で始まる疑問文に答えるときは，答えが肯定の内容なら Yes，否定の内容なら No を使う。

📖 単語帳
2 (3) trust「信用する」

✓ 復習メモ
「～ですね」と相手にたずねたり，念押ししたりする付加疑問では，次の形をとる。
① 肯定文で始まる文
〈コンマ＋否定の短縮形の動詞＋主語？〉
② 否定文で始まる文
〈コンマ＋肯定の動詞＋主語？〉

✓ 復習メモ
疑問詞で始まる疑問文
・なに→What ～?
・だれ→Who ～?
・どちら→Which ～?
・どこ→Where ～?
・いつ→When ～?
・なぜ→Why ～?
・どのように→How ～?

📖 単語帳
3 (3) belong to ～「～に所属する」
brass band club「吹奏楽部」

💬 アドバイス
3 (4)(6) 3人称単数現在の文であることに注意。

💬 アドバイス
3 (5) 過去の話題であることに注意。

解答 ➡ 別冊p.3

Try! −応用問題−

1 次の(　)内から適する語を選びなさい。

(1) (Are / Am / Is) you Hikaru ?

(2) (Are / Am / Is) this sentence correct?

(3) (Do / Does / Is) your mother like coffee?

(4) (Do / Did / Are) you sleep well last night?

(5) (Does / Are / Do) they know about Ms. Smith?

(6) (Am / Is / Are) it her smartphone?

(7) (Does / Is / Did) she go to the library yesterday?

2 次の日本文に合うように＿＿＿＿に適する語を┈┈から1つずつ選びなさい。

(1) 今日は何曜日ですか。

＿＿＿＿＿ day is it today?

(2) あなたのお姉さんはなぜ病院に行ったのですか。

＿＿＿＿＿ did your sister go to the hospital?

(3) いつ服を変えたのですか。

＿＿＿＿＿ did you change your clothes?

(4) これはだれの消しゴムですか。

＿＿＿＿＿ eraser is this?

(5) 牛肉と魚ではあなたはどちらが好きですか。

＿＿＿＿＿ do you like better, beef or fish?

(6) アカリはどこでこれらのカブトムシを捕まえたのですか。

＿＿＿＿＿ did Akari catch these beetles?

(7) マイクはだれが好きですか。　── 彼はリカが好きです。

＿＿＿＿＿ does Mike like?　── He likes Rika.

(8) 「しょうが」は英語で何といいますか。　── gingerと言います。

＿＿＿＿＿ do you say "shoga" in English?　── We say "ginger."

what	who	where	when	which	whose	why	how

3 次の日本文の意味を表す英文を，〔　　　〕内の語句を並べかえて作りなさい。

(1) あなたは誕生日に何がほしいですか。

〔 do / for / want / what / birthday / your / you 〕?

_____?

(2) 私たちの学校には生徒が何人いるか知っていますか。

〔 how / you / do / many / are / in our school / know / students / there 〕?

_____?

(3) あなたはそのイベントに行きたくないのですね。

〔 you / go / to / don't / you / the event, / want / do / to 〕?

_____?

4 次の各組の英文がほぼ同じ内容を表すように，_____に適する英文を入れなさい。

(1) { Who made these chairs?
　　{ I don't know _____.

(2) { What should I do this afternoon?
　　{ I don't know _____.

(3) { Do you know how they built the new building?
　　{ I don't know _____.

5 次の日本文を英語になおしなさい。

(1) あなたは音楽が好きですか。

_____

(2) これらの道具はあなたのものですよね。　　　　　　　　　　　　　　　*tool：道具

_____

(3) あなたは疲れていないのですか。　　—— はい，疲れていません。

_____

(4) 日本での生活はどうですか。

_____

(5) なぜ彼女は彼が好きなのですか。　　—— なぜなら，彼は親切だからです。

_____

5 進行形の文・未来の文

Check! −基本問題−

解答 ➡ 別冊p.3

次の日本文に合うように，_____に適する語を入れなさい。

1 現在進行形の文

(1) 彼はプールで泳いでいるところです。

He _____ _____ in the pool.

(2) 私は今，このアプリの取り扱い説明書を読んでいます。

_____ _____ the manual for this application.

(3) 私たちは今，学園祭について話しています。

We _____ _____ about the school festival.

(4) 今，雪が降っていますか。

_____ _____ _____ now?

(5) だれが隣の部屋で歌っていますか。

_____ _____ _____ in the next room?

2 過去進行形の文

(1) 赤ちゃんがベッドで眠っていました。

The baby _____ _____ in the bed.

(2) あなたは一昨日，東京駅で私を待っていましたか。

_____ _____ _____ for me at Tokyo Station the day before yesterday?

(3) 私は夕食の前にテレビゲームをしていませんでした。

I _____ _____ a video game before dinner.

(4) あなたの弟は，ホームセンターで何をしていたのですか。

_____ _____ your brother _____ at the DIY store?

(5) メアリーは昨日，一日中，音楽を聴いていました。

Mary _____ _____ to music all day yesterday.

(6) 昨日，だれが彼と話していましたか。

_____ _____ _____ with him yesterday?

✓ **復習メモ**

「〜しているところです」「〜しています」という進行中の動作を表す文を，現在進行形と言い，〈be動詞＋動詞のing形〉で表す。

💬 **アドバイス**

1 (2) 1つ目の空欄には短縮形が入る。

> snowは名詞と動詞の働きがあるよ。

✓ **復習メモ**

過去進行形の文は，〈be動詞の過去形＋動詞のing形〉で表す。

📓 **単語帳**

2 (2) the day before yesterday「一昨日」
　 (4) DIY store「ホームセンター」
　 (5) all day「一日中」

💬 **アドバイス**

2 (6) whoは主語になると3人称単数扱いになる。

3 未来の文①be going to

(1) 私は遅刻しそうです。

_____ _____ _____ be late.

(2) あなたはタクシーを使うつもりですか。

_____ _____ _____ _____ take a taxi?

(3) あなたはどのくらいの期間ここに滞在するつもりですか。

How long _____ you _____ _____ stay here?

(4) 私たちは来週の日曜日に動物園へ行くつもりです。

_____ _____ _____ go to the zoo next Sunday.

(5) あなたは昼食に何を食べるつもりですか。

_____ _____ you _____ _____ eat for lunch?

(6) 大阪行きの電車はもうすぐ到着する予定です。

The train for Osaka _____ _____ soon.

(7) 私は明日，どこにも行くつもりはありません。

I'm _____ _____ _____ go anywhere tomorrow.

4 未来の文②will

(1) 私たちは来月京都に行きます。

_____ _____ go to Kyoto next month.

(2) 私はあとでカレンにメールします。

_____ _____ Karen later.

(3) あなたは放課後に卓球をしますか。

_____ _____ play table tennis after school?

(4) いつ仕上がりますか。

_____ _____ it be ready?

(5) だれが明日この部屋を掃除しますか。

_____ _____ clean this room tomorrow?

(6) 彼らはあなたの家にどのくらい滞在するのですか。

_____ _____ will they stay at your house?

(7) 私は二度と遅刻しません。

_____ _____ be late again.

✓ 復習メモ
「〜するつもりだ」（未来の意志）や「〜する予定だ」（予定）を表すときには〈be going to ＋動詞の原形〉を使う。

💬 アドバイス
3 (1)(4) 1つ目の空欄には短縮形が入る。

📇 単語帳
3 (1) be late「遅刻をする」
(6) for ＋場所「〜行き」。

🔍 くわしく
3 (6)〈be動詞＋動詞のing形〉で，「〜する予定だ」と表すこともある。

🔍 くわしく
be going to と will の使い分け
「すでに決めていること」を言う場合→be going to
「その場で決めたこと」や「予定」を言う場合→will

✓ 復習メモ
主語＋ will の短縮形
・I will → I'll
・you will → you'll
・he will → he'll
・she will → she'll
・it will → it'll
will not の短縮形
・won't

💬 アドバイス
4 (4)〜(6)の1つ目の空欄には疑問詞が入る。

📇 単語帳
4 (4) be ready「準備ができる」「出来上がる・仕上がる」

Try! －応用問題－

解答 ➡ 別冊p.3

1 次の (　　) 内から適する語句を選びなさい。

(1) I'm (playing / going to play / will play) volleyball tomorrow afternoon.

(2) She (is making / made / was making) a fruit cake now.

(3) We (are / are going / will) gather at the music room after school.

(4) Sorry. I (will listen / wasn't listening / am listening) to you.

(5) Who (is running / run / was running) in the schoolyard yesterday?

2 次の問いに対する答えとして適するものを，ア～エから1つずつ選びなさい。

(1) Will it be sunny this Saturday?　　　_____

(2) What time will you be back?　　　_____

(3) How long will you stay in Japan?　　　_____

(4) What are you going to do after lunch?　　_____

> ア I'm not sure. Maybe 7 p.m.
> イ For ten days, I think.
> ウ I don't know. But I hope so.
> エ We are going to play tennis.

3 次の日本文の意味を表す英文を，〔　　〕内の語句を並べかえて作りなさい。

(1) ナンシーとデニーは彼らの犬と公園で走っています。

Nancy and Denny 〔 running / with / in the park / are / their dogs 〕.

Nancy and Denny _____.

(2) あなたは何を探していますか。

〔 for / what / looking / you / are 〕?

_____?

(3) あなたはそのとき，この小説を読んでいませんでした。

You 〔 this / then / novel / weren't / reading 〕.

You _____.

4 次の英文を, (　　)内の指示に従って書きかえなさい。

(1) Who is going to use the meeting room from 3 p.m?　（willを使って同じ意味の文に）

_____

(2) Tom watches TV during the meal.　（過去進行形の文に）

_____

(3) It is cold.　（未来を予測する文に）

_____

(4) Mr. Thompson is watching a comedy program on TV.　（疑問文に）

_____

(5) My brother is going to drive the car to the beach.　（下線部を問う文に）

_____

5 次のようなとき, 英語でどのように言いますか。その英文を書きなさい。

(1) 友達と別れ際に「今晩，電話するね」と言うとき。

_____

(2) ピアノの音を聞いて「だれが弾いているのか」とたずねるとき。

_____

(3) 教室に戻ってきた友達に「スミス先生（Mr. Smith）が探していた」と伝えるとき。

_____

6 英文を日本語に, 日本文を英語になおしなさい。

(1) My sister is going to buy a birthday present for my father tomorrow.

_____

(2) Was it raining hard last night?

_____

(3) 私は私の眼鏡を探しているところです。

_____

(4) 私の祖母は朝食前に新聞を読んでいました。

_____

(5) 私は今日カラオケに行くつもりはありません。

_____

6 助動詞

Check! −基本問題−

解答 ➡ 別冊p.4

次の日本文に合うように，_____に適する語を入れなさい。

1 助動詞の肯定文・否定文

(1) 彼女は高く跳ぶことができます。

She _____ jump high.

(2) サトウ先生はニンジンを食べることができません。

Mr. Sato _____ eat carrots.

(3) その赤ちゃんはもうすぐ歩けるようになるでしょう。

The baby will _____ _____ _____ walk soon.

(4) 私たちは昨日，ジャックに会うことができませんでした。

We _____ _____ _____ _____ see Jack yesterday.

(5) 昨晩，私たちは星を1つも見ることができませんでした。

We _____ _____ any stars last night.

(6) 遠足にお菓子を持っていってもいいですよ。

_____ _____ take some snacks for the field trip.

(7) 夕食のとき，ゲームをしてはいけません。

_____ _____ _____ _____ the game at dinner.

(8) 今晩は雪が降るかもしれません。

It _____ snow tonight.

(9) 妹は夕食前に宿題をしなければなりません。

My sister _____ do her homework before dinner.

(10) 彼は午後6時までに風呂を掃除しなければなりません。

He _____ _____ clean the bathroom by 6 p.m.

(11) 父は疲れているに違いない。

My father _____ be tired.

(12) あなたは野菜を食べたほうがいいですよ。

You _____ eat vegetables.

✅ **復習メモ**

主な助動詞
- can「〜できる」
- could「〜できた」
- may「〜してもよい」
- must「〜しなければならない」
- have to「〜しなければならない」
- must「〜にちがいない」
- should「〜したほうがいい」

✅ **復習メモ**

助動詞は必ず動詞の前に置く。助動詞に続く動詞は，必ず原形になる。

✅ **復習メモ**

canの否定形は，cannotまたはcan't。can notと2語に分けることは少ない。

💬 **アドバイス**

1 (3)「〜できる」は，canのほか，be able to 〜で表すことができる。

📇 **単語帳**

1 (6) field trip「遠足」

🔍 **くわしく**

1 (8) mayには「〜かもしれない」という推量の意味もある。

💬 **アドバイス**

1 (9) 言い方は2つあるが，空所の数から1つに絞ることができる。

✅ **復習メモ**

You can[may] 〜.「〜してもいいですよ」

2 助動詞の疑問文

(1) あなたは彼女をもう少し待つことはできますか。

_____ _____ wait a little more for her?

(2) 彼はその電車に乗ることができましたか。

_____ _____ _____ _____ catch the train?

(3) あなたは朝早くそこへ行かなくてはなりませんか。

_____ _____ go there early in the morning?

(4) 私は真実を言わなくてはなりませんか。

_____ I _____ _____ tell the truth?

(5) 私はエミリーのために何をすべきでしょうか。

_____ _____ I do for Emily?

3 許可・依頼・勧誘・提案の文

(1) 今, テレビを見てもいいですか。

―― いいえ, いけません。宿題を終えたら見てもいいです。

_____ _____ watch TV now?

―― No, _____ _____. You _____ watch it

after you finish your homework.

(2) 明日, あなたの家を訪れてもいいですか。

―― すみません, だめです。私は明日, 出かけます。

_____ _____ visit your house tomorrow?

―― I'm sorry, _____ _____. I'll go out tomorrow.

(3) あなたのペンをお借りしてもよろしいですか。

―― もちろんです。

_____ _____ borrow your pen?

―― _____ _____.

(4) 私のためにこの荷物を持っていただけませんか。

_____ _____ carry this bag for me?

(5) あとで私に電話をしていただけませんか。

_____ _____ call me later?

(6) 何か飲み物はいかがですか。

_____ _____ _____ something to drink?

✔ 復習メモ

助動詞の疑問文と答え方
〈助動詞＋主語＋動詞の原形 ～?〉
― Yes, 主語＋助動詞.
  No, 主語＋助動詞＋ not.
疑問詞を使った疑問文は, 上記の疑問文の前に疑問詞を置く。

📇 単語帳
2 (1) a little more「もう少し」
  (2) catch a train「電車に(飛び)乗る, 電車に間に合う」

✔ 復習メモ

「許可」を求める文
・Can I ～?「～してもいいですか」
・May I ～?「～してもよろしいですか」
「依頼」をする文
・Can you ～?「～してくれませんか」
・Could you ～?「～していただけませんか」
・Would you ～?「～していただけませんか」
「提案」をする文
・Would you like ～?「～はいかがですか」
・Shall I ～?「～しましょうか」
「勧誘」をする文
・Shall we ～?「(いっしょに)～しましょうか」

✔ 復習メモ

許可を求められたときの答え方
・Of course.「もちろんです」
・Sure.「いいですよ」
・Yes, please.「はい, どうぞ」
・I'm sorry, you can't.「すみません, だめです」

相手の依頼や誘いを断るときは, 理由も付け加えるようにしよう。

📇 単語帳
3 (6) something to drink「何か飲む物」

1 次の（　　）内に can か may を入れて英文を完成させなさい。

(1) ペンギンは飛べないが，泳ぐことができます。

Penguins can't fly, but they ＿＿＿＿＿ swim.

(2) いらっしゃいませ。

＿＿＿＿＿ I help you?

(3) 手伝ってくれませんか。　―― いいですよ。

＿＿＿＿＿ you help me? ―― Sure.

(4) この箱はどうやったら開けられますか。

How ＿＿＿＿＿ I open this box?

(5) 入ってもよろしいですか。　―― はい，どうぞ。

＿＿＿＿＿ I come in? ―― Yes, please.

(6) 私と来てくれませんか。　―― わかりました。

＿＿＿＿＿ you come with me? ―― All right.

(7) 明日は晴れるかもしれません。

It ＿＿＿＿＿ be sunny tomorrow.

(8) 私のラケットを使ってもいいですよ。

You ＿＿＿＿＿ use my racket.

2 次の日本文の意味を表す英文を，〔　　〕内の語句を並べかえて作りなさい。

(1) 私たちは，どのくらいここで待たなければなりませんか。

〔 we / how / wait / to / long / do / have / here 〕?

_____?

(2) あなたは試験のことをそんなに心配すべきではありません。

〔 about / the / worry / so much / exam / you / shouldn't 〕.

_____.

(3) 私はオーストラリアに行きたい［旅したい］のですが，十分な時間がありません。

〔 to / I'd / travel / Australia / like / to 〕, but I don't have enough time.

_____, but I don't have enough time.

3 次の下線部を別の形に変えて同じ意味になるように書きかえなさい。

(1) Ms. White <u>can</u> cook roast beef well.

_____

(2) Is he <u>able to</u> have a good time with his family on the trip?

_____

(3) Who <u>could</u> answer the question then?

_____

(4) Ken <u>has to</u> practice the guitar every day.

_____

(5) <u>Must</u> I get up early tomorrow?

_____

4 次の英文を，（　　）内の指示に従って書きかえなさい。

(1) Can you bring me the menu?　（よりていねいな表現に）

_____

(2) What do you want to drink?　（相手に勧める表現に）

_____

(3) Do you want a cup of coffee?　（ていねいに提案する表現に）

_____

(4) Let's go shopping this Saturday.　（同じ内容の疑問文に）

_____

(5) Will you call me later?　（ていねいな表現に）

_____

5 次の日本文を英語になおしなさい。

(1) 私は英語と中国語を話すことができます。

_____

(2) 返信する必要はありません。　　　　　　　　　*reply：返事をする，返信する

_____

(3) 駅への道を教えていただけますか。

_____

7　5つの文型

Check! −基本問題−

解答 ➡ 別冊p.4

次の日本文に合うように，_____に適する語を入れなさい。

1　主語（S）＋動詞（V）の文

(1) 私は学校に行きます。

$\underset{S}{\text{I}}$ $\underset{V}{\text{_____}}$ to school.

2　主語（S）＋動詞（V）＋補語（C）の文

(1) 彼女は将来，マンガ家になるでしょう。

$\underset{S}{\text{She}}$ $\underset{V}{\text{_____ _____}}$ $\underset{C}{\text{a comic book artist}}$ in the future.

(2) その子ネコはかわいいです。

$\underset{S}{\text{The kitten}}$ $\underset{V}{\text{_____}}$ $\underset{C}{\text{cute}}$.

(3) ジャックは幸せそうです［幸せに見えます］。

$\underset{S}{\text{Jack}}$ $\underset{V}{\text{_____}}$ $\underset{C}{\text{happy}}$.

(4) スミスさんは有名な俳優に似ています［のように見えます］。

$\underset{S}{\text{Mr. Smith}}$ $\underset{V}{\text{_____ _____}}$ $\underset{C}{\text{a famous actor}}$.

3　主語（S）＋動詞（V）＋目的語（O）の文

(1) 私たちは先月，沖縄を訪れました。

$\underset{S}{\text{We}}$ $\underset{V}{\text{_____}}$ $\underset{O}{\text{Okinawa}}$ last month.

(2) タクヤは新しいスマートフォンを買いました。

$\underset{S}{\text{Takuya}}$ $\underset{V}{\text{_____}}$ $\underset{O}{\text{a new smartphone}}$.

(3) 私は明日，友達と映画を見ます。

$\underset{S}{\text{I}}$ $\underset{V}{\text{_____ _____}}$ $\underset{O}{\text{a movie}}$ with my friends tomorrow.

(4) あなたはマンガを読むのが好きですか。

Do $\underset{S}{\text{you}}$ $\underset{V}{\text{_____}}$ $\underset{O}{\text{reading comics}}$?

✅ **復習メモ**

文型の4つの要素

① 主語 Subject（S）
　主語になるのは，名詞，代名詞

② 動詞 Verb（V）
　動詞になるのは，be動詞，一般動詞，助動詞＋動詞

③ 補語 Complement（C）
　補語になるのは，名詞，形容詞

④ 目的語 Object（O）
　目的語になるのは，名詞，代名詞

💬 **アドバイス**

2 (1) She＝a comic book artist
(2) The kitten＝cute
(3) Jack＝happy
(4) Mr. Smith
　＝a famous actor

📒 **単語帳**

2 (1) comic book artist「マンガ家」
(2) kitten「子ネコ」
(4) look like ～「～のように見える」

✅ **復習メモ**

後ろに補語（C）がくる代表的な動詞

・become「～になる」
・look「～に見える，～のようだ」
・get「～になる」
・feel「～に感じる」
・grow「～になる」

SVCの文では，S＝C の関係にあるよ。

📒 **単語帳**

3 (3) see［watch］a movie「映画を観る」

4 主語（S）＋動詞（V）＋目的語（O）＋目的語（O）の文

(1) 私の両親は妹に新しい自転車を買ってあげました。

My parents ＿＿＿＿ my sister a new bike.
　　S　　　　　V　　　　O　　　　O

(2) 祖父は私に新鮮な野菜を送ってくれました。

My grandfather ＿＿＿＿ me fresh vegetables.
　　S　　　　　　V　　　O　　　O

(3) ケイトは私にメッセージを残していきました。

Kate ＿＿＿＿ me a message.
　S　　V　　　O　　O

(4) 私はジョアンに電話番号を教えました。

I ＿＿＿＿ Joan my phone number.
S　V　　O　　　O

(5) 兄は私たちにクリスマスケーキを作ってくれました。

My brother ＿＿＿＿ us a Christmas cake.
　　S　　　　V　　O　　O

(6) 母は私にクッキーを焼いてくれました。

My mother ＿＿＿＿ some cookies for me.
　　S　　　V　　　O

5 主語（S）＋動詞（V）＋目的語（O）＋補語（C）の文

(1) 私の母は弟をケンと呼んでいます。

My mother ＿＿＿＿ my brother Ken.
　　S　　　V　　　O　　　C

(2) 彼は窓を開けたままにしました。

He ＿＿＿＿ the window open.
S　V　　　O　　　C

(3) 私はこの鳥をポムと名付けました。

I ＿＿＿＿ this bird Pom.
S　V　　O　　C

(4) その知らせは私のクラスメイトたちを幸せにするでしょう。

The news will ＿＿＿＿ my classmates happy.
　　S　　　V　　　O　　　　C

(5) あなたは家の中をきれいにしておかなければなりません。

You must ＿＿＿＿ your house clean.
　S　　V　　　O　　C

✓ 復習メモ

5つの文型
① 主語（S）＋動詞（V）
② 主語（S）＋動詞（V）＋補語（C）
③ 主語（S）＋動詞（V）＋目的語（O）
④ 主語（S）＋動詞（V）＋目的語（O）＋目的語（O）
⑤ 主語（S）＋動詞（V）＋目的語（O）＋補語（C）

✓ 復習メモ

SVOOの文で使われる代表的な動詞
• give「～に…をあげる」
• send「～に…を送る」
• tell「～に…を話す（教える）」
• teach「～に…を教える」
• buy「～に…を買ってあげる」
• make「～に…を作ってあげる」
• show「～に…を見せる」
• lend「～に…を貸す」

SVOCの文では，O＝Cの関係にあるよ。

💬 アドバイス

5 (1) my brother ＝ Ken
　(2) the window ＝ open
　(3) this bird ＝ Pom
　(4) my classmates ＝ happy
　(5) your house ＝ clean

✓ 復習メモ

SVOCの文で使われる代表的な動詞
• call「OをCと呼ぶ」
• name「OをCと名付ける」
• make「OをCにする」
• keep「OをCにしておく」
• find「OをCとわかる」

🔍 くわしく

5 (2)(5) open や clean は動詞ではなく，「開いている」「清潔な」という状態を表す形容詞。

1 次の_____に適するものを，┊┈┈┊から1つずつ選び，必要に応じて形を変えて書きなさい。ただし，同じ語を複数回使えるものとする。

(1) I _____ in Hokkaido. （SV）

(2) My mother _____ in the park everyday. （SV）

(3) You _____ young. （SV）

(4) The city hall _____ like a museum. （SVC）

(5) Do you _____ video games? （SVO）

(6) He _____ a ball. （SVO）

(7) I'll _____ you my work later. （SVOO）

(8) Can you_____me Chinese? （SVOO）

(9) Please_____ me Tomo. （SVOC）

(10) The TV show _____ him popular. （SVOC）

┊ teach　　look　　made　　threw　　live　　like　　call　　show　　walk ┊

2 次の各組の英文がほぼ同じ内容を表すように，_____に適する語を入れなさい。

(1) ┃ Mark gave me a birthday present.
　 ┃ Mark gave a birthday present _____ _____.

(2) ┃ I'll buy my friends souvenirs.
　 ┃ I'll buy souvenirs _____ _____ _____.

(3) ┃ My father made me a bookshelf.
　 ┃ My father made _____ _____ _____ _____.

3 次の日本文の意味を表す英文を，〔　　〕内の語句を並べかえて作りなさい。

(1) 外では雪が降っています。

〔 it / outside / is / snowing 〕.

_____.

(2) リサのお母さんは私たちにホットケーキを作ってくれました。

〔 pancakes / made / Lisa's mother / us 〕.

_____.

4 次の英文の下にS, V, O, Cを示し, さらに＿＿＿＿に和訳を書きなさい。

(1) My friend will become a good teacher.

＿＿＿＿＿＿＿＿＿＿＿＿＿＿＿＿＿＿＿＿＿＿＿＿＿＿＿＿＿＿＿

(2) Could you pass me the salt?

＿＿＿＿＿＿＿＿＿＿＿＿＿＿＿＿＿＿＿＿＿＿＿＿＿＿＿＿＿＿＿

(3) I'm from New York.

＿＿＿＿＿＿＿＿＿＿＿＿＿＿＿＿＿＿＿＿＿＿＿＿＿＿＿＿＿＿＿

(4) His words sometimes make me angry.

＿＿＿＿＿＿＿＿＿＿＿＿＿＿＿＿＿＿＿＿＿＿＿＿＿＿＿＿＿＿＿

(5) Wash your hands before meals.

＿＿＿＿＿＿＿＿＿＿＿＿＿＿＿＿＿＿＿＿＿＿＿＿＿＿＿＿＿＿＿

5 次の日本文を英語になおしなさい。

(1) その信号はちょうど今, 赤に変わりました。 （SVC）　　　　　　　　　　＊信号：traffic light

＿＿＿＿＿＿＿＿＿＿＿＿＿＿＿＿＿＿＿＿＿＿＿＿＿＿＿＿＿＿＿

(2) どれもとてもおいしそうです。 （SVC）

＿＿＿＿＿＿＿＿＿＿＿＿＿＿＿＿＿＿＿＿＿＿＿＿＿＿＿＿＿＿＿

(3) 父は毎週日曜日に私たちに朝食を作ってくれます。 （SVOO）

＿＿＿＿＿＿＿＿＿＿＿＿＿＿＿＿＿＿＿＿＿＿＿＿＿＿＿＿＿＿＿

(4) 彼は私にベストを尽くすと言いました。 （SVOO）

＿＿＿＿＿＿＿＿＿＿＿＿＿＿＿＿ that ＿＿＿＿＿＿＿＿＿＿＿＿

(5) 彼女はその子イヌをモモ（Momo）と呼んでいます。 （SVOC）　　　　＊子イヌ：puppy

＿＿＿＿＿＿＿＿＿＿＿＿＿＿＿＿＿＿＿＿＿＿＿＿＿＿＿＿＿＿＿

(6) ドアを開けっぱなしにしないで。 （(S)VOC）

＿＿＿＿＿＿＿＿＿＿＿＿＿＿＿＿＿＿＿＿＿＿＿＿＿＿＿＿＿＿＿

8 代名詞・冠詞・数や量を表す表現

解答 ➡ 別冊p.5

Check! －基本問題－

次の日本文に合うように，_____に適する語を入れなさい。

1 代名詞

(1) 私は友達とバンドを結成しました。彼らは私の幼なじみです。

_____ formed a band with my friends.

_____ are my childhood friends.

(2) それは私のタオルです。あたなのはあそこにあります。

_____ is _____ towel. _____ is over there.

(3) 彼は彼女が好きです。彼女はボブのいとこです。

_____ likes _____. _____ is Bob's cousin.

2 冠詞

(1) 私は息子が1人います。彼は技術者です。

I have _____ son. He is _____ engineer.

(2) 彼女はハムスターを飼っています。そのハムスターは白いです。

She has _____ hamster. _____ hamster is white.

(3) 東京は日本の首都です。

Tokyo is _____ capital of Japan.

3 数や量を表す表現

(1) 何人かの生徒は，すぐにその問題を解くことができました。

_____ students could solve the problem quickly.

(2) 私はそのスポーツクラブに何人かの友達がいます。

I have _____ _____ friends in the sports club.

(3) 私たちは新しい車を買うためにたくさんのお金が必要です。

We have to save _____ money to buy a new car.

(4) 私は昨日，食べ物を口にしませんでした［食べませんでした］。

I didn't eat _____ food yesterday.

✅ 復習メモ

代名詞の変化

「～は」「～の」「～を」「～のもの」
- I - my - me - mine
- you - your - you - yours
- he - his - him - his
- she - her - her - hers
- it - its - it -（ナシ）
- we - our - us - ours
- you - your - you - yours
- they - their - them - theirs

📔 単語帳

1 (1) form a band「バンドを結成する」
childhood friend「幼なじみ」

✅ 復習メモ

数えられる名詞のうち不特定の1つのものを指すときは，冠詞のaまたはanがつく。

📔 単語帳

2 (2) hamster「ハムスター」

💬 アドバイス

2 (2)(3) 特定のものを指す名詞の前にはtheがつく。theは数えられる名詞にも数えられない名詞にもつけられる。

✅ 復習メモ

数や量を表す語句
- some, any「いくつかの～」
- many, much「たくさんの～」
- a few, a little「少しの～」

📔 単語帳

3 (1) solve a problem「問題を解く」

1 次の日本文に合うように，_____に適する語を入れなさい。

(1) この充電器は私のものです。私はいつもそれをカバンの中に入れて持ち歩いています。

_____ charger is _____.

_____ always carry _____ with _____ in _____ bag.

(2) 彼女はハワイに行き，たくさんのチョコレートを買ってきました。

_____ went to Hawaii and bought _____ _____ _____ chocolate.

(3) 地球と月とではどちらが大きいですか。　——地球です。

Which is bigger, _____ earth or _____ moon?　—— _____ earth is.

(4) 何かアイデアはありますか。

Do _____ have _____ ideas?

(5) 冷蔵庫にオレンジジュースがいくらかあります。

There is _____ orange juice in _____ fridge.

(6) 彼の夢は音楽家になって，世界中をめぐる［旅する］ことです。

_____ dream is to be _____ musician and to travel around _____ world.

(7) 私たちはほかの国について学ぶべきです。

_____ should learn about _____ countries.

2 次の日本文を英語になおしなさい。

(1) これは私のもので，あれらはあなたのものです。

_____

(2) 私は彼らに自己紹介をしました。

_____

(3) 今日は少し風があります。

_____

(4) すべての道はローマ（Rome）に通ず［つながる］。　　　　　　　　　　　＊つながる：lead to

_____

(5) エリ（Eri）はそのケーキを少しも食べませんでした。

_____

9 前置詞・接続詞・副詞

Check! −基本問題−

解答 ➡ 別冊p.5

次の日本文に合うように，_____に適する語を入れなさい。

1 接続詞

(1) ジムは家に帰り，そして，ぼくは学校に残りました。

Jim went back home _____ I stayed at school.

(2) 彼女はニンジンは好きですが，ピーマンは好きではありません。

She likes carrots, _____ she doesn't like green peppers.

(3) あなたは電車通学ですか，それともバス通学ですか。

Do you go to school by train _____ by bus?

(4) あなたが風呂に入っている間に，エミから電話がありました。

_____ you were taking a bath, I got a call from Emi.

2 前置詞

(1) 日曜日の午前10時に，上野駅の前で会いましょう。

Let's meet _____ Ueno Station _____ 10 a.m. _____ Sunday.

(2) 私は7月に1週間スイスに滞在しました。

I stayed _____ Switzerland _____ a week _____ July.

(3) 私の姉は朝から晩まで勉強しました。

My sister studied _____ morning _____ night.

3 副詞

(1) あなたは週末に，たいてい何をしますか。

What do you _____ do on weekends?

(2) もしあなたがパーティーに行かないのなら，私も行きません。

If you don't go to the party, I won't go, _____.

(3) これらの問題は，私にとって解くのが難し過ぎます。

These problems are _____ difficult for me to solve.

復習メモ

主な接続詞
- and「～と…」「～そして…」
- but「～しかし…」
- so「～だから…」「～それで…」
- or「～か…」「～または…」
- when「～するとき」
- while「～する間に」
- before「～する前に」
- after「～したあとに」
- until「～するまで（ずっと）」
- if「もし～なら」
- because「～なので」

復習メモ

主な前置詞
- at「～に」（時刻），「～のところで」（場所），「～に向かって」（目標・方向）
- on「～に」（曜日・特定の日），「～の上に」
- in「～に」（月・年・季節），「～の中に」，「～で」（手段）
- to「～へ，～まで」（到達点），「～に対して」（動作の対象）
- for「～の間」「～に向かって」

復習メモ

主な副詞
- very「とても」
- well「上手に」
- sometimes「ときどき」

アドバイス

3 (2) 否定形であることに注目する。

動詞，形容詞，副詞を修飾するのが副詞だよ。

Try! −応用問題−

解答 ➡ 別冊p.5

1 次の（　）内から適する語を選びなさい。

(1) I love cheese (and / or / both) yogurt, (so / when / but) I don't like milk.

(2) (If / When / While) I arrived home, you were sleeping.

(3) Let's go hiking (but / until / if) it is sunny.

(4) I hope (that / when / so) I can see you (and / so / but) your family tomorrow.

(5) The soccer game was put off (so / because / if) it rained heavily.

2 次の＿＿＿＿に適するものを, ┈┈┈から1つずつ選びなさい。

(1) 私は本が大好きなので，毎日図書館へ行きます。

I love books, ＿＿＿＿ I go to the library every day.

(2) 飛行機が海の上を飛んでいます。

An airplane is flying ＿＿＿＿ the ocean.

(3) 彼女は泳げません。彼女の姉も泳げません。

She can't swim.　Her sister can't swim, ＿＿＿＿.

(4) あなたは十分な睡眠をとるべきです。

You should get ＿＿＿＿ sleep.

> on　　enough　　over　　many　　so　　either　　too

3 次の日本文を, （　）の指示に従って英語になおしなさい。

(1) 私はケイトにメールを書きましたが，送りませんでした。　（接続詞butを使って）

＿＿＿＿＿＿＿＿＿＿＿＿＿＿＿＿＿＿＿＿＿＿＿＿＿＿＿＿＿＿＿＿＿

(2) あのスーパーは午後10時まで開いています。　（前置詞untilを使って）

＿＿＿＿＿＿＿＿＿＿＿＿＿＿＿＿＿＿＿＿＿＿＿＿＿＿＿＿＿＿＿＿＿

(3) 私の父は昨日神戸に向けて出発しました。　（前置詞forを使って）

＿＿＿＿＿＿＿＿＿＿＿＿＿＿＿＿＿＿＿＿＿＿＿＿＿＿＿＿＿＿＿＿＿

10 不定詞と動名詞

Check! −基本問題−

解答 ⇒ 別冊p.6

日本文に合うように，_____に適する語を書きなさい。

1 不定詞

(1) 彼は外国語を学ぶのが好きです。

He _____ _____ learn foreign languages.

(2) あなたは昼食に何が食べたいですか。

What _____ you _____ _____ _____ for lunch?

(3) 私といっしょにお昼を食べませんか。

Would you _____ _____ _____ lunch with me?

(4) 私の夢はモデルになることです。

My dream is _____ _____ a model.

(5) 彼女は話しかけやすいです。

She is easy _____ _____ to.

(6) 私はまたあなたに会えてうれしいです。

I'm glad _____ _____ you again.

(7) 私の弟は，昨夜テレビゲームをするために夜更かしをしました。

My brother stayed up late _____ _____ a video game last night.

(8) 私は明日までに終えなければならないたくさんの宿題があります。

I have a lot of homework _____ _____ by tomorrow.

(9) 私は毎日通うジムを探しています。

I'm _____ _____ a gym _____ _____ to every day.

(10) あなたは何か飲み物を持っていますか。

Do you have _____ _____ _____?

(11) 私はボブになんと言ったらいいかわかりませんでした。

I didn't know _____ _____ _____ to Bob.

📝 復習メモ

〈to ＋動詞の原形〉を不定詞といい，次の3つの用法がある。

① 名詞的用法（名詞と同じはたらきをする）
「〜すること」
・〈want to ＋動詞の原形〉「〜したい」
・〈want ＋人＋to ＋動詞の原形〉「(人) に〜してもらいたい」
・〈how to ＋動詞の原形〉「どのように〜したらよいか」「〜のしかた，〜する方法」
・〈It is ... to 〜.〉「〜することは…です」

② 副詞的用法（動詞や形容詞を修飾する）
「〜するために」「〜して」
・〈happy to ＋動詞の原形〉「〜してうれしい」
・〈sorry to ＋動詞の原形〉「〜して残念な」

③ 形容詞的用法（名詞を修飾する）
「〜するための」「〜すべき」
・〈something to ＋動詞の原形〉「何か〜するもの」

💬 アドバイス

1 (2)(3)(4)(6) 使える動詞は2つある。

📕 単語帳

1 (7) stay up late (at night)
「夜更かしをする」

(9) gym「体育館」「ジム」。gymnasiumの短縮語。

⑿ 外国の学生と交流することは私にとって刺激的です。

It is exciting _____ me _____ communicate with foreign students.

⒀ 母は私にテストでよい点をとってほしいと思っています。

My mother _____ me _____ get a good score on the test.

⒁ ジョージは私が家の鍵を見つけるのを手伝ってくれました。

George _____ _____ _____ my house key.

2 動名詞

⑴ 私は歌うことが好きです。

I like _____ .

⑵ 私の母は旅行に行くのが好きです。

My mother _____ _____ on trips.

⑶ 私はクッキーを作るのが得意です。

I'm _____ _____ _____ cookies.

⑷ 電話をしてくれてありがとう。

Thank you _____ _____ .

⑸ 料理をすることは楽しいですか。

_____ _____ fun?

⑹ 彼らはテニスをするのを楽しみました。

They _____ _____ tennis.

⑺ 先生は突然話すのをやめました。

The teacher _____ _____ suddenly.

⑻ 彼はかつて私と会ったことを覚えていました。

He remembered _____ me once.

⑼ あなたは絵を描くのが得意ですか。

Are you _____ _____ _____ pictures?

⑽ 私といっしょに散歩に行くのはどうですか。

_____ _____ _____ for a walk with me?

⑾ 歴史を学ぶのはおもしろいです。

_____ history is interesting.

📚 単語帳

1 ⑿ communicate with「交流する，理解し合う」
⒀ score「得点」

toのつかない動詞の原形を「原形不定詞」と呼ぶよ。

✅ 復習メモ
動詞のing形で「〜すること」のように名詞と同じ働きをするものを動名詞という。

✅ 復習メモ
よく使われる動名詞の形
・enjoy 〜ing「〜して楽しむ」
・like 〜ing「〜するのが好きだ」
・start [begin] 〜ing「〜し始める」
・finish 〜ing「〜し終える」
・stop 〜ing「〜するのをやめる」

🔍 くわしく
remember 〜ingは「〜したことを覚えている」，〈remember to＋動詞の原形〉は「忘れずに〜する」

📚 単語帳

2 ⑻ once「一度，かつて」

💬 アドバイス
2 ⑼ be good at 〜「〜するのが得意だ」。
「描く」はdrawingでもpaintingでもよい。

✅ 復習メモ
・How about 〜ing「〜するのはどうですか」
・〜ing is fun「〜するのは楽しいです」

解答 ➡ 別冊p.6

Try! −応用問題−

1 次の（　）内から適する語を選びなさい。

(1) I (want to / wanting) live in Italy.

(2) Jane enjoyed (to play / playing) table tennis.

(3) My sister finished (reading / to read) the novel.

(4) I decided (to join / joining) the game.

(5) He made his son (sit / sitting) down.

2 次の(1)〜(5)の不定詞と用法が同じ文を，**ア〜オ**から1つずつ選びなさい。

(1) I'm very glad to see you. ＿＿＿＿＿＿＿

(2) He wants to be a singer. ＿＿＿＿＿＿＿

(3) May I have something to drink? ＿＿＿＿＿＿＿

(4) We will go to Hiroshima to visit Itsukushima Shrine next month. ＿＿＿＿＿＿＿

(5) My dream is to become an artist. ＿＿＿＿＿＿＿

> ア My father loves to watch baseball games.
> イ To get up early is good for your health.
> ウ She was disappointed to hear the news.
> エ It's time to say good-bye now.
> オ They go to the field to play football after school.

3 次の各組の英文がほぼ同じ内容を表すように，＿＿＿＿に適する語を入れなさい。

(1) 雪が降りはじめました。

It began snowing.

It began ＿＿＿＿＿ ＿＿＿＿＿.

(2) 私は楽器を演奏することが好きです。

I like to play musical instruments.

I like ＿＿＿＿＿ musical instruments.

(3) 私は数分間立ち止まって，また走りはじめました。

I stopped for a few minutes and started ＿＿＿＿＿ again.

I stopped for a few minutes and started ＿＿＿＿＿ ＿＿＿＿＿ again.

4 次の（　　）内の語を不定詞か動名詞の形にして＿＿＿＿に書き，英文を完成させなさい。ただし，＿＿＿＿に入るのは1語とは限りません。

(1) My mother told me ＿＿＿＿ more vegetables. （eat）

(2) I hope ＿＿＿＿ from you soon. （hear）

(3) We enjoyed ＿＿＿＿ at the school festival. （dance）

(4) ＿＿＿＿ English is not easy for me. （speak）

(5) What would you like ＿＿＿＿ after lunch? （do）

(6) I don't know how ＿＿＿＿ this computer. （use）

5 次の日本文に合うように，＿＿＿＿に適する語を入れなさい。

(1) なぜそんなに一生懸命に空手の練習をするのですか。

　　—— 次のオリンピック競技に出場するためです。

　　Why do you practice karate so hard?

　　＿＿＿＿ ＿＿＿＿ part in the next Olympic games.

(2) 私たちといっしょに買い物に行くのはどうですか。

　　＿＿＿＿ ＿＿＿＿ going shopping with us?

(3) ほかの人たちに親切にすることは大切です。

　　＿＿＿＿ ＿＿＿＿ important ＿＿＿＿ ＿＿＿＿ kind to others.

(4) すぐに解決しなければならない問題がいくつかあります。

　　There are some problems ＿＿＿＿ ＿＿＿＿ right now.

(5) ジャックは今週から剣道を習いはじめました。

　　Jack ＿＿＿＿ ＿＿＿＿ kendo from this week.

6 次の日本文を英語になおしなさい。

(1) またお会いできてうれしいです。(It is から始まる文で)

＿＿＿＿＿＿＿＿＿＿＿＿＿＿＿＿＿＿＿＿＿＿＿＿＿＿＿＿＿＿＿＿

(2) 私にはやるべき宿題がたくさんあります。

＿＿＿＿＿＿＿＿＿＿＿＿＿＿＿＿＿＿＿＿＿＿＿＿＿＿＿＿＿＿＿＿

(3) 自然の中で走るのは［走ることは］すがすがしいです。

*refreshing：すがすがしい
*in nature：自然の中で

＿＿＿＿＿＿＿＿＿＿＿＿＿＿＿＿＿＿＿＿＿＿＿＿＿＿＿＿＿＿＿＿

11 比較の文

Check! −基本問題−

解答 ➡ 別冊p.6

次の日本文に合うように，＿＿＿＿＿に適する語を入れなさい。

1 比較級

(1) メアリーは彼女の姉より背が高いです。

Mary is ＿＿＿＿ ＿＿＿＿ her sister.

(2) あの道はこの道より幅が広いです。

That street is ＿＿＿＿ ＿＿＿＿ this street.

(3) 私のバッグは彼女のものより重いです。

My bag is ＿＿＿＿ ＿＿＿＿ hers.

(4) この白いネコはあの黒いネコよりも大きいです。

This white cat is ＿＿＿＿ ＿＿＿＿ that black one.

(5) リオはジャックよりも早く走ります。

Rio can run ＿＿＿＿ ＿＿＿＿ Jack.

(6) このマンガはあれよりもおもしろいです。

This comic is ＿＿＿＿ ＿＿＿＿ ＿＿＿＿ that one.

(7) エディソンさんはペリーさんよりも有名です。

Mr. Edison is ＿＿＿＿ ＿＿＿＿ ＿＿＿＿ Mr. Perry.

(8) ベンはリナよりも多くの本を持っています。

Ben has ＿＿＿＿ ＿＿＿＿ ＿＿＿＿ Rina.

(9) 日本とイギリスではどちらが大きいですか。
 —— 日本です。

＿＿＿＿ ＿＿＿＿ ＿＿＿＿, Japan or the U.K.?
 —— Japan is.

(10) あなたはジムよりもサッカーがうまいです。

You play soccer ＿＿＿＿ ＿＿＿＿ Jim.

(11) 私はメロンよりもイチゴが好きです。

I like strawberries ＿＿＿＿ ＿＿＿＿ melons.

✅ **復習メモ**

比較級は，2つのものを比べて「より〜だ」と表現するために使う。
形容詞・副詞の比較級の作り方
① 多くの語→erをつける。
② eで終わる語→rだけつける。
③ 〈子音＋y〉で終わる語
 →yをiに変えてerをつける。
④ 〈短母音＋子音字〉で終わる語
 →最後の文字を重ねてerをつける。
⑤ 比較的つづりの長い語
 →前にmoreを置く。
⑥ 不規則に変化する。
 ・good / well → better
 ・many / much → more
 ・little → less
 ・bad/ ill → worse

🔍 **くわしく**

1 (3)(4)のように，英語では前に出た語のくり返しを避けるため，代名詞mine, yours, oneなどがよく使われる。

💬 **アドバイス**

1 (8)の1つ目の空欄は形容詞manyが比較級になった形。

✅ **復習メモ**

〈Which is＋比較級, A or B?〉「AとBではどちらがより〜ですか」

✅ **復習メモ**

goodは比較級ではbetter。〈Which do you like better, A or B？〉「AとBではどちらのほうが好きですか」

2 最上級

(1) ジムはすべての生徒の中でいちばん背が高いです。

Jim is ＿＿＿＿ ＿＿＿＿ ＿＿＿＿ all the students.

(2) 富士山は日本でいちばん高い山です。

Mt. Fuji is ＿＿＿＿ ＿＿＿＿ mountain ＿＿＿＿ Japan.

(3) ジェーンは私たちのクラスでいちばん多くの犬を飼っています。

Jane has ＿＿＿＿ ＿＿＿＿ ＿＿＿＿ ＿＿＿＿ our class.

(4) このグループの中でだれがいちばん人気がありますか。

＿＿＿＿ is ＿＿＿＿ popular ＿＿＿＿ this group?

(5) 5人の中でだれがいちばん若いですか。

＿＿＿＿ is ＿＿＿＿ ＿＿＿＿ ＿＿＿＿ the five?

(6) タカシはこのバドミントンチームでいちばんじょうずな選手です。

Takashi is ＿＿＿＿ ＿＿＿＿ ＿＿＿＿ ＿＿＿＿ this badminton team.

(7) 私はすべての野菜の中でトマトがいちばん好きです。

I like tomatoes ＿＿＿＿ ＿＿＿＿ ＿＿＿＿ all vegetables.

(8) 私の叔母はこの街でいちばん高価な宝石を持っていました。

My aunt had ＿＿＿＿ ＿＿＿＿ expensive jewelry ＿＿＿＿ this town.

3 as 〜 as

(1) 私は毎日、デイビッドと同じくらい早く学校に行きます。

I go to school ＿＿＿＿ ＿＿＿＿ ＿＿＿＿ David every day.

(2) ケンと私の妹は同じ年です。

Ken is ＿＿＿＿ ＿＿＿＿ ＿＿＿＿ my sister.

(3) そのバスはあのトラックと同じくらいの速さで走ります。

The bus runs ＿＿＿＿ ＿＿＿＿ ＿＿＿＿ that track.

(4) 理科の試験は思ったほど難しくはありませんでした。

The science test ＿＿＿＿ ＿＿＿＿ ＿＿＿＿ ＿＿＿＿ ＿＿＿＿ I had expected.

(5) 私の姉は私たちの母ほどうまく縫い物をすることができません。

My sister can't sew ＿＿＿＿ ＿＿＿＿ ＿＿＿＿ our mother.

✅ 復習メモ

最上級は，3つ以上のものを比べて「いちばん [最も] 〜だ」と表現するために使う。

形容詞・副詞の作り方
① 多くの語→estをつける。
② eで終わる語→stだけつける。
③〈子音＋y〉で終わる語
→yをiに変えてestをつける。
④〈短母音＋子音字〉で終わる語
→最後の文字を重ねてestをつける。
⑤ 比較的つづりの長い語
→前にmostを置く。
⑥ 不規則に変化する。
・good / well → best
・many / much → most
・little → least
・bad / ill → worst

💬 アドバイス

2「複数の人やものの中で」は，〈of＋複数を表す語句〉，「ある場所や範囲の中で」は〈in＋複数を表す語句〉で表す。

✅ 復習メモ

〈Which is the＋最上級？〉「どれがいちばん〜ですか」

📔 単語帳

2(8) expensive「高価な」
jewelry「宝石」

✅ 復習メモ

2つのものを比べて「…と同じくらい〜だ」と表現するときは，〈as 〜 as ...〉の形で表す。〜には形容詞の原級が入る。

📔 単語帳

3(4) expect「予期する」
(5) sew「縫い物をする」

✅ 復習メモ

〈as 〜 as ...〉の否定形〈not as 〜 as ...〉で，「…ほど〜ではない」という意味になる。

Try! －応用問題－

解答 ➡ 別冊p.6

1 次の語の比較級・最上級を書きなさい。

(1) large　　　── (　　　　　　　　　) ── (　　　　　　　　　)

(2) easy　　　── (　　　　　　　　　) ── (　　　　　　　　　)

(3) hot　　　 ── (　　　　　　　　　) ── (　　　　　　　　　)

(4) slowly　　── (　　　　　　　　　) ── (　　　　　　　　　)

(5) beautiful　── (　　　　　　　　　) ── (　　　　　　　　　)

(6) interesting ── (　　　　　　　　　) ── (　　　　　　　　　)

(7) good　　　── (　　　　　　　　　) ── (　　　　　　　　　)

(8) little　　 ── (　　　　　　　　　) ── (　　　　　　　　　)

(9) many　　 ── (　　　　　　　　　) ── (　　　　　　　　　)

(10) bad　　　── (　　　　　　　　　) ── (　　　　　　　　　)

2 次の(　　　)内から適する語句を選びなさい。

(1) Tom is (tallest / tall / taller) than my brother.

(2) This book is (interesting / more interesting / most interesting) than that one.

(3) The car runs the (fastest / as fast as / faster) of all.

(4) I like social studies (better / well / the best) of all subjects.

(5) The man had (more / the most / as much as) money in this town.

3 次の英文を，(　　　)内の指示に従って書きかえなさい。

(1) She plays the trumpet well. （than you をつけて比較級の文に）

_____

(2) This problem is difficult. （of all をつけて最上級の文に）

_____

(3) This is the old shrine. （in Japan をつけて最上級の疑問文に）

_____

(4) The bear is white. （as ～ as snow を用いて「雪のように白い」の意味に）

_____

4 次の日本文の意味を表す英文を, 〔　　〕内の語句を並べかえて作りなさい。

(1) 私は, バドミントンよりも卓球のほうが好きです。

〔 I / badminton / table tennis / like / than / better 〕.

_____ .

(2) カレンはミキほど速く走れません。

〔 Miki / can't / as / Karen / as / run / fast 〕.

_____ .

(3) この島は, 地球でもっとも美しい場所です。

〔 beautiful / on Earth / this / place / the / is / island / most 〕.

_____ .

(4) あなたは牛肉と豚肉ではどちらのほうが好きですか。

〔 do / better, / which / pork / you / like / beef / or 〕?

_____ ?

(5) この小説はあの本と同じくらいおもしろいです。

〔 one / this / interesting / as / that / as / novel / is 〕.

_____ .

5 次の英文を日本語に, 日本文を英語になおしなさい。

(1) Your idea is better than mine.

_____

(2) I read it again more carefully than the first time.

_____

(3) Which season do you like the best?

_____

(4) あのビルはこのビルよりも高いです。

_____

(5) 私にとって理科は数学よりも難しいです。

_____

(6) あなたの国でいちばん有名な俳優はだれですか。

_____

12 受け身の文

次の日本文に合うように，＿＿＿＿に適する語を入れなさい。

1 肯定文・否定文・疑問文

(1) そのウェブサイトは英語で書かれています。

　The website ＿＿＿ ＿＿＿ in English.

(2) その本は多くの国で出版されています。

　The book ＿＿＿ ＿＿＿ in many countries.

(3) ジョンソン先生はみんなから好かれています。

　Ms. Johnson ＿＿＿ ＿＿＿ ＿＿＿ everyone.

(4) 英語の授業では，日本語は話されていません。

　Japanese ＿＿＿ ＿＿＿ ＿＿＿ in English class.

(5) あなたの国ではタコやイカは食べられていますか。

　＿＿＿ octopus and squid ＿＿＿ in your country?

(6) これらの靴はイタリアで作られました。

　These shoes ＿＿＿ ＿＿＿ ＿＿＿ Italy.

(7) 私はラナの誕生日パーティーに招待されました。

　I ＿＿＿ ＿＿＿ to Lana's birthday party.

(8) 彼のアイデアはすべてのメンバーには受け入れられませんでした。

　His idea ＿＿＿ ＿＿＿ by all members.

(9) この建物は何世紀に建てられましたか。

　What century ＿＿＿ this building ＿＿＿?

(10) あの文具店は10時に開店する[開けられる]でしょう。

　That stationery shop ＿＿＿ ＿＿＿ ＿＿＿ at ten.

(11) 次の木曜日，学校の体育館は使われません。

　The school gym ＿＿＿ ＿＿＿ ＿＿＿ next Thursday.

(12) そのコンサートのチケットはいつ販売されますか。

　When ＿＿＿ the concert tickets ＿＿＿ ＿＿＿?

復習メモ

受け身は〈be動詞＋過去分詞〉で表す。
過去分詞の作り方
① 規則動詞
過去形と同じくed [d] をつける。
・play → played
〈子音＋y〉で終わる語はyをiに変えてedをつける。
・study → studied
② 不規則動詞
それぞれ異なる変化をする。
・make → made
・speak → spoken
・write → written

アドバイス
1 (3) だれによってされるのかを言いたいときは，〈be動詞＋過去分詞〉のあとにby ...（…によって）を置く。

単語帳
1 (6)〈made in＋国名〉「〜（の国）製」
(8) accept「受け入れる」
(10) stationary「文房具」
(11) school gym「体育館」

復習メモ
受け身の疑問文
・〈be動詞＋主語＋過去分詞〜?〉
・〈疑問詞＋be動詞＋主語＋過去分詞〜?〉

アドバイス
1 (11) 1つ目の空欄にはwill notの短縮形が入る。

2 SVOOの受け身の文

(1) 野球部のコーチが私にチャンスを与えました。

The baseball club coach ＿＿＿＿ ＿＿＿＿ a chance.

→① 私は野球部のコーチからチャンスを与えられました。

I ＿＿＿＿ ＿＿＿＿ ＿＿＿＿ ＿＿＿＿ by the baseball club coach.

→② 野球部のコーチから私にチャンスが与えられました。

A chance ＿＿＿＿ ＿＿＿＿ ＿＿＿＿ me by the baseball club coach.

3 SVOCの受け身の文

(1) 彼女の祖父は，その赤ん坊をシャーロットと名づけました。

Her grandfather ＿＿＿＿ the baby Charlotte.

→その赤ん坊は彼女の祖父からシャーロットと名づけられました。

The baby ＿＿＿＿ ＿＿＿＿ Charlotte by her grandfather.

4 by 以外の前置詞があとに続く受け身の文

(1) ジェシカは生物学に興味があります。

Jessica ＿＿＿＿ ＿＿＿＿ ＿＿＿＿ biology.

(2) 私たちはその知らせに驚きました。

We ＿＿＿＿ ＿＿＿＿ ＿＿＿＿ the news.

(3) 妹は父からもらった時計を気に入っています。

My sister ＿＿＿＿ ＿＿＿＿ ＿＿＿＿ the watch from my father.

(4) 私は修学旅行のことでわくわくしています。

I ＿＿＿＿ ＿＿＿＿ ＿＿＿＿ the school trip.

(5) チーズは牛乳から作られます。

Cheese ＿＿＿＿ ＿＿＿＿ ＿＿＿＿ milk.

(6) その本棚は木でできています。

The bookshelf ＿＿＿＿ ＿＿＿＿ ＿＿＿＿ wood.

(7) あなたは長野で生まれたのですよね。

You ＿＿＿＿ ＿＿＿＿ in Nagano, ＿＿＿＿ you?

✓ 復習メモ

SVOOの受け身の文
それぞれの目的語を主語にした2通りの受け身の文を作ることができる。
SVOOで用いられる主な動詞
• give（与える）
• teach（教える）
• send（送る）
• tell（話す）

✓ 復習メモ

SVOCの受け身の文
目的語を主語にした受け身の文を作ることができる。C（補語）はそのまま〈be動詞＋過去分詞〉のあとに置かれる。
SVOCで用いられる主な動詞
• name（～を…と名づける）
• call（～を…と呼ぶ）

✓ 復習メモ

前置詞を使った受け身の文
• be interested in ～「～に興味がある」
• be surprised at ～「～に驚く」
• be pleased with ～「～が気に入っている」
• be excited about ～「～でわくわくしている」
• be made from ～「～から作られる」
• be known to ～「～に知られている」

📓 単語帳
4 (1) biology「生物学」
(6) bookshelf「本棚」

🔍 くわしく
「～でできている」
① 原料の質が変わる場合
　be made from ～
② 材料が見てわかる場合
　be made of ～

4 (7) be born で「生まれる」だよ。

Try! −応用問題−　　　　　　　　　　　　　　　　　　　　　　　　　解答 ➡ 別冊p.7

1 次の(　　)内から適する語句を選びなさい。

(1) Soccer (is / are / does) enjoyed all over the world.

(2) This computer (are not / does not / is not) used very often.

(3) (Is / Was / Were) these clothes made in Japan?

(4) This song (is not be / won't be / was not be) listened to by young people.

(5) The summer concert (is held / are held / do held) every year.

2 次の＿＿＿＿に適する前置詞を入れなさい。

(1) This door is made ＿＿＿＿ glass.

(2) Wine is made ＿＿＿＿ grapes.

(3) He is excited ＿＿＿＿ Halloween.

(4) Eric is known ＿＿＿＿ everyone in this town.

(5) My mother was pleased ＿＿＿＿ our present.

3 次の英文を, (　　)内の指示に従って書きかえなさい。

(1) This picture is painted by a famous painter. （in the 15th centuryを加えて）

_____

(2) This book was written by my father. （否定文に）

_____

(3) Fishing is allowed in this area. （疑問文にして, さらにNoで答える）

_____ ___ _____

(4) Tom broke the toy. （byを用いて下線部を主語に）

_____

(5) These vegetables were grown in Hokkaido. （下線部をたずねる文に）

_____

(6) Her purse was stolen yesterday. （下線部をたずねる文に）

_____

(7) Lucy was injured in the accident. （下線部をたずねる文に）

_____

4 次の英文を, ( ) で示された語句を主語にして書きかえなさい。

(1) Kathy gave a pen to Tom. (a pen)

_____

(2) We call the girl Kiki. (the girl)

_____

(3) Nancy's mother made us our matching clothes. (our matching clothes)

_____

(4) The police officer found my smartphone in the park. (my smartphone)

_____

5 次の日本文の意味を表す英文を, 〔 〕内の語句を並べかえて作りなさい。

(1) 通りは人でいっぱいでした。
〔 was / people / the street / with / filled 〕.

_____.

(2) ここに新しいビルが建てられる予定はありません。
〔 to / built / isn't / here / a new building / be / going 〕.

_____.

(3) あの店で電子レンジは売られていますか。
〔 microwave ovens / that shop / are / at / sold 〕?

_____?

6 次の日本文を英語になおしなさい。

(1) 私の家は50年前に建てられました。

_____

(2) これらのおもちゃは竹でできています。

_____

(3) 有名なアーティストが, 私たちの学校の近くで目撃されました。

_____

(4) ヨーグルトは何から作られますか。

_____

13 現在完了形の文・現在完了進行形の文

Check! −基本問題−

解答 ➡ 別冊p.8

次の日本文に合うように，_____に適する語を入れなさい。

1 現在完了形の文（完了）

(1) 私はちょうど家に帰ってきたところです。

I _____ _____ _____ home.

(2) ロイはちょうど新しい動画をアップしたところです。

Roy _____ _____ uploaded a new video.

(3) 私たちはすでにクリスマスパーティーの計画を立てました。

We _____ _____ _____ the Christmas party.

(4) あなたはもう宿題を終えましたか。　―― いいえ，まだです。

_____ you _____ your homework _____?

―― No, _____ _____.

(5) 雨はまだ止んでいません。

It _____ _____ raining _____.

2 現在完了形（経験）

(1) 私はこの映画を7回見たことがあります。

I _____ _____ this movie seven times.

(2) ユキは中国へ2回行ったことがあります。

Yuki _____ _____ _____ China twice.

(3) あなたは今までに空手をしたことがありますか。
　　―― いいえ，ありません。

_____ you _____ _____ karate before?

―― No, I _____.

(4) あなたは海外へ何回行ったことがありますか。　―― 7回です。

_____ _____ _____ have you been abroad?

―― Seven _____.

✅ 復習メモ

現在完了形は〈have [has] ＋過去分詞〉で表し，次の3つの用法がある。
① 完了「～したところだ」「～してしまった」
② 経験「～したことがある」
③ 継続「（ずっと）～している」

✅ 復習メモ

「完了」を表す文
・〈have just ＋過去分詞〉
「ちょうど～したところだ」
・〈have already ＋過去分詞〉
「すでに～してしまった」
・〈have ＋主語＋過去分詞～yet?〉
「もう～してしまいましたか」
・〈have not ＋過去分詞～ yet.〉
「まだ～していない」

📖 単語帳

1 (2) upload「アップロードする」
video「ビデオ，動画」

✅ 復習メモ

「経験」を表す文
・〈have been to ～〉
「（今までに）～へ行ったことがある」
・〈How many times ～?〉
「何度～したことがありますか」
・〈have never ＋過去分詞〉
「一度も～したことがない」

📖 単語帳

2 (4) abroad「海外に」

💬 アドバイス

2 (4) 回数は，once, twice, three times, four times, five times …と数える。

(5) 彼らは実際のオーロラを一度も見たことがありません。

They _____ _____ _____ an actual aurora.

③ 現在完了形（継続）

(1) 私は吹奏楽部に2年間所属しています。

I _____ _____ to the brass band club _____ two years.

(2) 私は彼を赤ん坊のときから知っています。

I _____ _____ him _____ he was a baby.

(3) 彼はそのときからずっと彼を愛しているのですか。

_____ he _____ her _____ then?

(4) ローラはどのくらいの間，海の生き物の研究をしているのですか。

_____ _____ _____ Laura researched about ocean life?

(5) 彼は先週の木曜日からずっと私と口をきいてくれません。

He _____ _____ _____ with me since last Tuesday.

④ 現在完了進行形の文

(1) 私はここで彼が来るのを1時間待っています。

I've _____ _____ for him here for one hour.

(2) 昨夜から（ずっと）雨が降っています。

It _____ _____ _____ since last night.

(3) ケンはジムで2時間ずっとトレーニングしています。

Ken _____ _____ _____ in the gym for two hours.

(4) あなたは3時間部屋を掃除し続けているのですか。

_____ you _____ your room for three hours?

(5) 彼女は昨日の午後からずっと眠っているのですか。

_____ she _____ _____ since yesterday afternoon?

(6) あなたはどのくらい待っていますか。

How long _____ you _____ _____?

📓 単語帳
② (5) actual「実際の」
aurora「オーロラ」

✅ 復習メモ
「継続」を表す文
〈How long have [has] ＋主語＋過去分詞～?〉
「どのくらい（長く）～していますか」

📓 単語帳
③ (1) brass band club「吹奏楽部」
(4) research「研究する」
ocean life「海の生き物」

💬 アドバイス
③ (1)～(3) 現在完了形の「継続」や④現在完了進行形の文では，for ～（～の間）や since ～（～以来，～からずっと）とともに使われることが多い。

現在完了形は現在の状況を表す表現だから，過去を表す語句といっしょに使うことはできないよ。

✅ 復習メモ
現在完了進行形は〈have [has] been ～ing〉で表し，「（ずっと）～している」と表現することができる。

💬 アドバイス
④ (3)「トレーニングする」は train

🔍 くわしく
現在完了形の「継続」と現在完了進行形はどちらも「（ずっと）～している」という意味を表すが，現在完了形の「継続」では状態を表す動詞（know, live, wantなど），現在完了進行形では動作を表す動詞（run, play, waitなど）が用いられる。

Try! −応用問題−　　　　　　　　　　　　　　　　　　　　　　解答 ➡ 別冊p.8

1 次の(　)内から適する語を選びなさい。

(1) John (have / has) been busy (since / for) half a year.

(2) Have your parents (go / gone) to Hawaii (already / yet)?

(3) I have (hear / heard) her song (yet / before).

(4) (Have / Do) you (ever / been) played rugby?

(5) (What / How) long have you (come / been) in Japan?

2 次の(1)～(3)の現在完了形と用法が同じ文を，**ア～ウ**から１つずつ選びなさい。

(1) My brother has just finished his homework.　　　_____

(2) I have never eaten Greek food.　　　_____

(3) I have lived in Kobe for six years.　　　_____

> ア　Have you ever used this stapler?
>
> イ　Have you walked your dog to the park yet?
>
> ウ　Has he been staying in your house for a week?

3 次の日本文の意味を表す英文を，〔　〕内の語句を並べかえて作りなさい。ただし，下線部の語は適する形に変えること。

(1) 飛行機は離陸してしまいました。

〔 has / take / already / the plane / off 〕.

_____.

(2) 彼は台所でどのくらい料理をしていますか。

〔 has / cook / how long / in the kitchen / been / he 〕?

_____?

(3) あなたは今までにこの本を読んだことがありますか。

〔 this book / have / read / you / ever 〕?

_____?

4 次の英文を，（　　）内の指示に従って書きかえなさい。

(1) My grandmother eat cheese.　（「一度も～ない」という否定文に）

_____

(2) The train has just arrived.　（疑問文に）

_____

(3) We have lived in this town <u>for four years</u>.　（下線部をたずねる文に）

_____

(4) I have cooked roast beef.　（「今までに～したことがありますか」とたずねる文に）

_____

(5) It has been raining <u>for three days</u>.　（下線部をたずねる文に）

_____

5 次の各組の文を，_____に適する語を入れて現在完了形の文で言いかえなさい。

(1) Akira started running two hour ago.　He is still running.
　→ Akira _____ _____ _____ for two hours.

(2) My sister went to the U.S. in 2012.　She still lives in the U.S.
　→ My sister _____ _____ in the U.S. _____ 2012.

(3) My mother went shopping in Shinjuku.　She is not in the house now.
　→ My mother _____ _____ shopping in Shinjuku.

(4) Saki went to France in 2015, 2017, 2018 and 2020.
　→ Saki _____ _____ _____ France four times.

6 次の英文を日本語に，日本文を英語になおしなさい。

(1) 私はちょうどおやつを食べたところです。

_____

(2) あなたはあの映画を何回見たことがありますか。

_____

(3) 私は3時間ずっとこの本を読んでいます。

_____

51

14 現在分詞・過去分詞

Check! －基本問題－

解答 ➡ 別冊p.9

次の日本文に合うように，_____に適する語を入れなさい。

1 現在分詞の形容詞的用法

(1) 歌を歌っている男の子を見なさい。

Look at the boy _____ the song.

(2) 隣のテーブルで話している女の子たちは楽しそうです。

The girls _____ at the next table look happy.

(3) 赤い帽子をかぶった男子生徒は私の兄です。

The boy _____ a red cap is my brother.

(4) メガネをかけているその女の子を知っていますか。

Do you know the girl _____ _____.

(5) ダチョウは飛ばない鳥です。

Ostriches aren't _____ birds.

(6) 私は舞台で話している男性を知っています。

I know _____ _____ _____ on stage.

(7) あなたは，あの青い車を運転している女性を知っていますか。

Do you know _____ _____ _____ that blue car?

(8) あの雲は走っているウサギのように見えます。

The cloud looks like a _____ rabbit.

(9) ベッドに眠っている赤ちゃんがいます。

There is _____ _____ baby in the bed.

(10) ボブは凍るように冷たい水の中で泳いでいます。

Bob is _____ in the _____ water.

(11) あの歌っている鳥を見て。

Look at the _____ bird.

(12) 私たちの前を歩いている男性は私の父です。

The man _____ in front of us is my father.

✅ **復習メモ**

現在分詞は動詞にing形をつけた形で表され，「～している（ところの）」「～している（状態の）」という意味を表す。

現在分詞を用いた文型

① 名詞を後ろから修飾する。
〈名詞＋現在分詞（ing形）＋語句〉

② 名詞の前から修飾する。
〈現在分詞（ing形）＋名詞〉

✅ **復習メモ**

現在分詞の作り方

〈動詞＋ing〉

・do + ing → doing
・be + ing → being
・make + ing → making
・take + ing → taking
・swim + ing → swimming

📔 **単語帳**

1 (5) ostrich「ダチョウ」

🔍 **くわしく**

動名詞と現在分詞の違い

① 動名詞
動詞＋ing→名詞を作り，「～すること」と訳す。

② 現在分詞
動詞＋ing→形容詞（副詞）を作り，「～している」と訳す。

1 (8)「走っている」とあるけど，ウサギは跳ぶのでrunではなくhopを使うよ。

📔 **単語帳**

1 (10) freeze「凍る」

2 過去分詞の形容詞的用法

(1) 私の母はイタリア製のバッグを持っています。

My mother has a bag ＿＿＿＿ ＿＿＿＿ Italy.

(2) 私は英語で書かれた手紙を受け取りました。

I got a letter ＿＿＿＿ ＿＿＿＿ English.

(3) これはアンによって書かれたエッセイです。

This is an essay ＿＿＿＿ ＿＿＿＿ Ann.

(4) これは15世紀に建てられた城です。

This is the castle ＿＿＿＿ ＿＿＿＿ the 15th century.

(5) 英語は世界中で話されています。

English is ＿＿＿＿ all over the world.

(6) ブラジルで話されている言語は何ですか。

What is the language ＿＿＿＿ ＿＿＿＿ Brazil?

(7) 私の祖父母はそのニュースを聞いて驚きました。

My grandparents were ＿＿＿＿ at the news.

(8) 私は中古の家具を買いました。

I bought a piece of ＿＿＿＿ furniture.

(9) ブライアンは壊れた自転車を持っています。

Brian has a ＿＿＿＿ bike.

(10) その公園は落ち葉でおおわれていました。

The park was covered with ＿＿＿＿ leaves.

(11) ネコは壊れた窓から入ってきました。

The cat came in through the ＿＿＿＿ window.

(12) エミリーは驚いた顔の男性を見ました。

Emily saw a man with a ＿＿＿＿ face.

(13) 私の姉はゆで卵が好きです。

My sister likes ＿＿＿＿ eggs.

(14) 私はなくした生徒手帳をまだ見つけることができていません。

I can't find my ＿＿＿＿ student handbook yet.

✓ 復習メモ

過去分詞は動詞にed [d] をつけた形などで表され，「～された」「～されている」という意味を表す。

過去分詞を用いた文型
① 名詞を後ろから修飾する。
　〈名詞＋過去分詞＋語句〉
② 名詞の前から修飾する。
　〈過去分詞＋名詞〉

💬 アドバイス

2 (1)～(4)(6) 2つ目の空欄には前置詞が入る。
・〈in＋国名〉「～製」「～語の」「～の国で」
・〈in＋年代〉「～年に」
・〈by＋人名〉「～によって」

📔 単語帳

2 (3) essay「エッセイ」

✓ 復習メモ

過去分詞の作り方
① 規則変化〈動詞＋ed [d]〉
　・want＋ed → wanted
　・smile＋d → smiled
　・study＋yをiに変えてed
　　→ studied
② 不規則変化
　・make → made
　・be → been
　・do → done
　・go → gone

💬 アドバイス

2 (7)(8)(12)(13)は規則変化をする動詞，それ以外は不規則変化。

📔 単語帳

2 (8) furniture「家具」
　(14) student handbook「生徒手帳」

Try! −応用問題−

解答 ➡ 別冊p.9

1 次の( )内から適する語句を選びなさい。

(1) That (sleeping / slept) baby looked happy.

(2) The police found the (stealing / stolen) car.

(3) That (cried / crying) girl is Meg's sister.

(4) Do you know the man (sitting / sat) on the sofa?

(5) Linda baked (freezing / frozen) pizza.

2 次の_____に, ( )内の語を必要に応じて適する形になおして書きなさい。

(1) That boy _____ the drums is Jeffrey. （play）

(2) There are _____ glasses on the floor. （break）

(3) The man _____ at the bakery is my uncle. （work）

(4) Who is the man _____ to my sister? （talk）

(5) I got a letter _____ in English from Ellie. （write）

3 次の英文に( )内の語を加えるとするとどこが最も適切か，1つ選び，記号を○で囲みなさい。

(1) They sell cars in that shop. （used）
　　　 ア 　 イ 　　 ウ エ

(2) Did you read the memo on the table? （left）
　　　　 ア 　 イ 　　 ウ

(3) The cat to me by my father is black and white. （given）
　　 ア 　 イ 　　 ウ

(4) Don't touch the glass. （broken）
　　　 ア 　　 イ 　 ウ

(5) Risa is reading the book in English. （written）
　　　 ア 　　 イ 　　 ウ

(6) I have an uncle in Singapore. （living）
　　　 ア 　 イ 　　 ウ

4 次の日本文の意味を表す英文を, 〔　　　〕内の語句を並べかえて作りなさい。

(1) サッカーをしている少年たちは私の弟と彼の友達です。

〔 his friends / are / the boys / soccer / my brother / playing / and 〕.

_____.

(2) 向こうで手を振っている女の子はメグの妹にちがいありません。

〔 must be / waving / the girl / over there / Meg's sister / her hands 〕.

_____.

(3) カナに話しかけている男の人はだれですか。

〔 Kana / who / to / the man / talking / is 〕?

_____?

(4) 洗ったお皿を拭いてください。

〔 please / washed / dishes / the / dry 〕.

_____.

(5) レオと呼ばれているそのライオンは, この動物園のスターです。

〔 Leo / star / called / is / in this zoo / the / the lion 〕.

_____.

5 次の2文の内容を1文で表すとき, _____に適する語を入れなさい。

(1) Look at the men. They are playing handball in the schoolyard.

→ Look at the men _____ handball in the schoolyard.

(2) There is a girl in the library. She is reading the book about Shakespeare.

→ There is a girl _____ the book about Shakespeare in the library.

(3) There are pictures. Rie took them in Canada.

→ There are pictures _____ _____ Rie in Canada.

6 次の英文を日本語に, 日本文を英語になおしなさい。

(1) 新しいユニフォームを着ている男の子はカズヤ(Kazuya)です。

_____

(2) あなたのクラスに書道を習っている生徒は何人いますか。　　　　　　＊書道：calligraphy

_____

(3) トム(Tom)は私の壊れたスマートフォンを直してくれました。

_____

15 関係代名詞

Check! −基本問題−

解答 ➡ 別冊p.9

次の日本文に合うように，＿＿＿＿に適する語を入れなさい。
ただし，that はほかの関係代名詞が使える場合は使わないこととする。

1 主格の関係代名詞

(1) 私にはインドに住んでいる友達がいます。

I have a friend ＿＿＿＿ lives in India.

(2) あれは，今朝スミス先生と話していた生徒です。

That is the student ＿＿＿＿ was talking with Mr. Smith this morning.

(3) ケイトは青い目のネコを飼っています。

Kate has a cat ＿＿＿＿ ＿＿＿＿ blue eyes.

(4) 駅へ行くバスに乗ってください。

Take the bus ＿＿＿＿ goes to the station.

(5) 昨日私の妹といっしょにいた男の子は，うちのとなりに住んでいます。

The boy ＿＿＿＿ was ＿＿＿＿ my sister yesterday ＿＿＿＿ next to my house.

(6) 私は賢くて思いやりのある人にあこがれます。

I admire the people ＿＿＿＿ are smart and kind.

(7) あの店の前に立っている女性の名前は何というのですか。

＿＿＿＿ is the name of the woman ＿＿＿＿ is standing in front of the shop?

(8) ゾウは長い鼻を持つ動物です。

Elephants are animals ＿＿＿＿ ＿＿＿＿ long trunks.

(9) ミサキにはお菓子作りが得意な友達がいます。

Misaki has a friend ＿＿＿＿ ＿＿＿＿ good at making sweets.

(10) これは若い人々に愛されている歌です。

This is a song ＿＿＿＿ is loved by young people.

復習メモ

関係代名詞とは
次の2つの働きをもつ。
① 代名詞としての働き
② それに続くまとまった文を前にある（先行する）名詞や代名詞に結びつける（関係づける）働き。
先行する名詞や代名詞を先行詞という。

復習メモ

主格の関係代名詞
主に主語の働きをする関係代名詞（名詞，代名詞）で，who, which, that がある。
① who
先行詞が人の場合に使う。
② which
先行詞が人以外（もの，こと，動物など）の場合に使う。
③ that
①②のいずれにも使うことができる。

thatは，whoやwhichの代わりにもなるということだね。

アドバイス

1 (3) 2つ目の空欄には，「持つ」という意味の動詞が入る。

単語帳

1 (5) live next to ～「～のとなりに住む」
(6) admire「あこがれる」
(8) trunk「（ゾウの）鼻」
(9) be good at ～「～が得意な」

2 目的格の関係代名詞

(1) これらは兄が秋葉原で買った部品です。

These are parts ＿＿＿＿ ＿＿＿＿ ＿＿＿＿ ＿＿＿＿ in Akihabara.

(2) あなたが見た絵はアンナのものです。

The painting ＿＿＿＿ ＿＿＿＿ ＿＿＿＿ is Anna's.

(3) 彼女がつけていたネックレスは高そうでした。

The necklace ＿＿＿＿ ＿＿＿＿ ＿＿＿＿ ＿＿＿＿ looked expensive.

(4) キャシーはだれもが知っている女性です。

Kathy is a person ＿＿＿＿ everyone knows.

(5) これは私が探していた鍵です。

This is the key ＿＿＿＿ I was looking ＿＿＿＿.

(6) あの家は，ジョンが住んでいる家です。

That is a house ＿＿＿＿ John lives ＿＿＿＿.

(7) これは私が笑ったおもしろい話です。

This is a funny story ＿＿＿＿ I laughed ＿＿＿＿.

(8) 「チャオ」は私が知っているただ1つのイタリア語の言葉です。

Ciao is ＿＿＿＿ only Italian word ＿＿＿＿ I know.

(9) あの歌は，若者に歌われている中で最も人気のある歌です。

That song is ＿＿＿＿ ＿＿＿＿ ＿＿＿＿ song ＿＿＿＿ is sung by young people.

(10) 私は起こったすべてのことを見ました。

I saw ＿＿＿＿ ＿＿＿＿ happened.

(11) ニューヨークは，クリスが生まれた町です。

New York is the city ＿＿＿＿ Chris was born in.

(12) あなたがいちばんにすべきことは宿題を終わらせることです。

＿＿＿＿ first thing ＿＿＿＿ you should do is to finish your homework.

(13) これらはメアリーが沖縄で撮った写真です。

These are the pictures ＿＿＿＿ ＿＿＿＿ in Okinawa.

✅ 復習メモ

目的格の関係代名詞

目的語の働きをする関係代名詞（名詞，代名詞）で，who[whom]，which，thatを用い，関係代名詞のあとには〈主語＋動詞～〉を置く。

① which
先行詞が人以外（もの，こと，動物など）の場合に使う。

② that
人，もの，動物などのいずれにも使うことができる。

✅ 復習メモ

接触節

関係代名詞を用いず，前の名詞を直接修飾する〈主語＋動詞～〉のまとまり。

🗂 単語帳

2 (1) part「部品」
(3) necklace「ネックレス」

🔍 くわしく

前置詞が後ろに残る表現

• look for「～を見つける」
• live in「～に住む」
• laugh at「～を笑う」
• be afraid of「～を恐れる」
• be born in「～で生まれる」
• be raised in「～で育てられる（育つ）」
など

✅ 復習メモ

関係代名詞thatが好まれる場合

① 先行詞にthe only（ただ1つの），all（すべての）などがついている場合。

② 先行詞に形容詞の最上級やthe first, the secondなど序数がついている場合。

③ 先行詞がeverything, anything, nothingなどの場合。

💬 アドバイス

2 (13) 接触節の文。

Try! −応用問題−　　　　　　　　　　　　　　　　　　　　　　　　　　　　解答 ➡ 別冊p.9

1 次の（　　）内から適する語句を選びなさい。

(1) These are the food (who / which) Tomas made for us.

(2) He is a writer (who / which) received the Akutagawa Award.

(3) She has a bird (who / which) sings well.

(4) I have a sister (who / which) is a nurse.

(5) Ann is the woman (who / which) Tom loves.

(6) I found the passport (who / which) I lost last month.

2 下線部を先行詞にして，関係代名詞whoかwhichを使い，2つの文を1文にしなさい。

(1) The man was Matthew's brother.　I met him at the restaurant.

_____

(2) Peaches are the fruit.　I like them the best.

_____

(3) There were a lot of people.　They came to see the famous singer.

_____

(4) I have a piano.　It was made in Germany.

_____

(5) Where did you buy the cakes?　Those were made by a famous patissier.

_____

3 次の英文のうち，関係代名詞が省略できるものをすべて選び，記号で答えなさい。

ア　The dream which I had last night was very strange.

イ　I have a frog which has a yellow body.

ウ　My sister met a person who was wearing a pink jersey.

エ　There is a problem which I have to solve.

オ　Where is the notebook which was on my desk?

4 次の日本文の意味を表す英文を，〔　　　〕内の語句を並べかえて作りなさい。

(1) 私は3歳のネコを飼っています。

〔 a / I / three years old / which / have / cat / is 〕.

_____.

(2) あなたは英語で書かれた本を読んだことがありますか。

〔 a book / written / was / have / read / in English / ever / you / which 〕?

_____?

(3) 私が言いたいのはそれだけです。

〔 all / say / that's / to / want / I 〕.

_____.

(4) あなたはトモミが話している男の子を知っていますか。

〔 know / talking / Tomomi / you / with / the boy / do / is / that 〕?

_____?

5 次の各組の英文がほぼ同じ内容を表すように，_____に適する語を入れなさい。

(1) { There are the flowers my grandmother bought at the flower shop.
There are the flowers _____ _____ bought by my grandmother at the flower shop.

(2) { The girl running in the park is Ayumu's sister.
The girl _____ _____ running in the park is Ayumu's sister.

(3) { Look at the dog with long legs.
Look at the dog _____ _____ long legs.

6 次の日本文を英語になおしなさい。

(1) 彼はフランス語を話せる人を探しています。

_____

(2) 私たちは東京駅に行く電車に乗るつもりです。

_____

(3) あなたが言ったことは，すべて実現しました。

_____

16 仮定法

Check! —基本問題—

解答 ➡ 別冊p.10

次の日本文に合うように，＿＿＿＿に適する語を入れなさい。

1 ifを使う直接法の文

(1) もしあなたが，のどが渇いているなら，私はあなたに何か飲み物を
あげましょう。

If you ＿＿＿＿ thirsty, I ＿＿＿＿ give you something to
drink.

(2) もし明日雪が降ったら，彼らは雪だるまを作るつもりです。

If it ＿＿＿＿ tomorrow, they ＿＿＿＿ make snowmen.

2 ifを使う仮定法の文

(1) もし十分なお金があれば，海外に行くことができるのに。

If I ＿＿＿＿ enough money, I could go abroad.

(2) もしクラリネットを演奏することができるのなら，私はステージ上
で演奏するのに。

If I ＿＿＿＿ play the clarinet, I would play it on the stage.

(3) もし今晴れているなら，私たちは海で泳げるのに。

If it ＿＿＿＿ sunny now, we ＿＿＿＿ swim in the sea.

(4) もし彼がここにいれば，私は彼に夕食を作ってあげられるのに。

I ＿＿＿＿ make dinner for him ＿＿＿＿ he ＿＿＿＿ here.

(5) もし忙しくなければ，私は新年のパーティーに出席できるのに。

If I ＿＿＿＿ ＿＿＿＿ busy, I ＿＿＿＿ attend the New
Year's party.

(6) もし私があなたなら，彼女に謝るのに。

＿＿＿＿ I ＿＿＿＿ you, I ＿＿＿＿ apologize to her.

(7) もし私が島を持っていたら，このクラスのみんなを招待するのに。

If I ＿＿＿＿ ＿＿＿＿ island, I ＿＿＿＿ invite everyone
in this class.

✅ **復習メモ**

現実にありうることを述べる
文を直接法の文，現実に反する
（ありえない）ことを仮定して
述べる文を仮定法の文という。

📕 **単語帳**

1 (1) thirsty「のどが渇く」
　　(2) snow「雪が降る」
　　　snowman「雪だるま」

✅ **復習メモ**

仮定法のif
〈If＋主語＋動詞の過去形〜，
主語＋助動詞の過去形＋動詞
の原形….〉で，「もし〜なら…
だろうに / できるのに」という
意味を表す。

🔍 **くわしく**

仮定法を作るときの注意点
① be動詞の過去形は，were
　を使う。基本的にwasは使
　わない。
② 助動詞の過去形
　will→would
　can→could
　may→might

💬 **アドバイス**

2 (4) if 〜の文が後半にくる。

仮定法では，動詞や
助動詞は過去形を
使うんだね。

📕 **単語帳**

2 (2) clarinet「クラリネット」
　　(6) apologize「謝る」

(8) もし十分な時間があれば，もっといい点数がとれるのに。

　If I had enough time, I _____ _____ a better score.

(9) もしあなたが100万円を持っていたら，何に使いますか。

　If you _____ a million yen, _____ _____ you use it _____?

(10) もしあなたが一日王様だったら，何をしますか。

　If you _____ a king for a day, _____ _____ you do?

(11) もし私がもっと速く走ることができたら，リレー選手に選ばれるだろうに。

　If I _____ run faster, I _____ be chosen a relay runner.

(12) カレンはまるですべてを知っているかのように話します。

　Karen talks _____ _____ she _____ everything.

(13) 私は，それがまるで昨日のことのように覚えています。

　I remember _____ _____ it _____ yesterday.

3 wish を使う仮定法の文

(1) 時間が止まればいいのに。

　I wish time _____ stop.

(2) ピアノが弾けたらいいのに。

　I _____ I _____ play the piano.

(3) 雨が降ってくれればいいのに。

　I _____ it _____ rain.

(4) 動物と話せたらいいのに。

　I _____ I _____ talk with animals.

(5) 彼が私を愛してくれたらいいのに。

　I _____ he _____ me.

(6) 車を運転できたらいいのに。

　I _____ I _____ drive a car.

(7) 彼といっしょにパーティーに行けるといいのに。

　I _____ I _____ go to the party with him.

💬 **アドバイス**

2 (9) 2つ目の空欄は「何に」，4つ目の空欄は「〜のために」という意味の語が入る。

📇 **単語帳**

2 (11) relay runner「リレー選手」

✅ **復習メモ**

as if 〜「まるで〜かのように」のあとにも，仮定法の過去形が使われることがある。

✅ **復習メモ**

仮定法の wish
〈I wish＋主語＋過去形〜.〉で，「〜ならいいのに」という意味を表す。

I wishに似た表現にI hopeがあるね。I hopeは実現の可能性が高い場合に使うよ。

解答 ➡ 別冊 p.10

Try! −応用問題−

1 次の( )内から適する語を選びなさい。

(1) If my parents (have / had) a car, we (can / could) arrive there one hour earlier.

(2) If I (was / were) you, I (would / will) save some money to buy a new bag.

(3) She could run faster if she (didn't / doesn't) carry that heavy bag.

(4) I wish I (can / could) buy everything that I want.

(5) I wish we (are / were) sisters.

2 次の日本文の意味を表す英文になるように，( )内の語を適切な形に変えて書きなさい。

(1) もっとうまく英語が話せたら，もっと楽しいのに。

I _____ be happier if I _____ speak English better. （will, can）

(2) 彼がここにいたら，パーティーはもっと盛り上がるのに。

If he _____ here, the party would _____ more exiciting. （be, be）

(3) もし私が宇宙飛行士なら，私は宇宙に行けるだろうに。

If I _____ an astronaut, I _____ go to space. （be, can）

(4) 彼女とダンスでペアを組めたらいいのに。

I wish I _____ make a pair up with her for dance. （can）

(5) 何かいいことがあったらいいのに。

I wish something good _____ happen. （will）

3 次の各組の英文がほぼ同じ内容を表すように，_____ に適する語を入れなさい。

(1) He doesn't study hard, so he won't pass the exam.

If he _____ hard, he _____ pass the exam.

(2) I feel sick, so I can't go shopping with my friends.

If I _____ good, I _____ go shopping with my friends.

(3) I'll buy some flowers at the shop, but it is closed now.

If the shop _____ open now, I _____ buy some flowers.

4 次の日本文の意味を表す英文を, 〔　　〕内の語句を並べかえて作りなさい。

(1) もし私の父が車を持っていれば, 運転して仕事に行くでしょうに。

〔 drive / a car / if / had / to work / my father / he / would 〕.

_____

(2) マイクはまるでモデルのように歩いています。

〔 he / walking / if / a model / is / Mike / were / as 〕.

_____

(3) ケイトが次の試合で私たちのチームに参加してくれるといいのに。

〔 our team / Kate / I / the next game / join / wish / would / for 〕.

_____

(4) もしあなたのお母さんが今あなたを見れば, 彼女はあなたを誇らしく思うでしょう。

〔 your mother / proud of you / if / you / saw / she / be / now, / would 〕.

_____

5 次の英文を日本語になおしなさい。

(1) If I had a lot of money, I would travel around the world.

_____

(2) If you had a time machine, which era would you visit?　　　　*era：時代

_____

(3) If I had a magic lamp, I could make your wish come true.

*magic lamp：魔法のランプ

_____

6 次の日本文を英語になおしなさい。

(1) もし私があなたなら, その道を選ばないだろうに。

_____

(2) 泳げたらいいのに。

_____

(3) もし私に翼があれば, 私は彼のところへ飛んでいけるのに。

_____

63

1 不定詞と動名詞

ステップアップ学習

◎不定詞・動名詞の使い分け

例題 次の会話文のそれぞれの（　　）に入る最も適切な語を**ア〜カ**の中から1つずつ選びなさい。

(1) A： My dream is （　Ⓐ　） a movie actor.
　　B： That's wonderful! I'm looking forward to （　Ⓑ　） your movie someday.
　　〔 **ア** to be　**イ** see　**ウ** be　**エ** to see　**オ** to being　**カ** seeing 〕

(2) A： Thank you for （　Ⓐ　） me with a project.
　　B： I am glad （　Ⓑ　） that.
　　〔 **ア** to help　**イ** to hear　**ウ** helping　**エ** hearing　**オ** heard　**カ** helped 〕

解説 (1) **答** Ⓐ **ア**　Ⓑ **カ**　　Ⓐ「〜になること」は動名詞かto不定詞で表すことができる。Ⓑ look forward toに続くのは，名詞，代名詞，動名詞のいずれか。look forward to 〜ingで「〜するのを楽しみに待つ」

(2) **答** Ⓐ **ウ**　Ⓑ **イ**　　Ⓐ 前置詞forの後ろにto不定詞は置けず，動名詞がくる。Ⓑ 不定詞の副詞的用法。〈be glad to＋動詞の原形〉で「〜してうれしい」

ポイント 不定詞と動名詞には「〜すること」という意味があるが，「これからすること」は不定詞，「これまでしてきたこと」は動名詞で表す。また，不定詞には「〜するための」「〜するために」などの意味もある。

Challenge! −実戦問題−

解答 ➡ 別冊p.11

1 正しい英文になるよう（　　）内の語句を並べかえなさい。

(1) A： The math test was very difficult.
　　B： Really? It was （ **ア** me　**イ** easy　**ウ** answer　**エ** to　**オ** for ） all the questions. _____ 〔沖縄県 - 改〕

(2) A： Where did you go during the winter vacation?
　　B： I went to （ **ア** see　**イ** Sapporo　**ウ** to　**エ** the show Festival ） with my family. _____ 〔宮崎県〕

(3) A : We'll have tests next Friday. I'm worried about math.

　B : Me, too. But we still have enough (ア for　イ time　ウ it　エ prepare　オ to).
_____ 〔福島県〕

(4) A : Let's play soccer after school.

　B : Sorry, I can't. My mother (ア to　イ come　ウ me　エ home　オ wants) early today.
_____ 〔栃木県 - 改〕

2 次の対話文の（　　）に入る最も適切な語を，ア〜エから1つずつ選びなさい。

(1) A : I don't need these clothes. I will go to a shop to recycle them.

　B : Oh, but this jacket still looks good.

　A : Do you want it? You can take it.

　B : Thank you. This is perfect for (ア buy　イ buying　ウ wear　エ wearing) in the winter.
_____ 〔岩手県〕

(2) A : I had no time to eat breakfast this morning. I'm very hungry.

　B : You often say so. You must get up earlier.

　A : I know. So I've decided (ア go　イ going　ウ to go　エ gone) to bed before eleven.
_____ 〔富山県 - 改〕

(3) A : Who introduced this book to you?

　B : Roy did. It made me interested in (ア recycle　イ recycling　ウ to recycle　エ recycled).

　A : It sounds like a good book. Can I borrow it after you?

　B : Sure.
_____

3 次の各問いの会話文について，（　　）に入る最も適切な1語を下の語群から選び，必要に応じて適切な形に変えて書きなさい。ただし，語群の単語はそれぞれ1度しか使えません。また，（　　）には1語のみ書きなさい。

(1) A : Do you like sports?

　B : Yes. I love (_____) soccer with my friends very much! 〔沖縄県 - 改〕

(2) A : Thank you for the delicious dinner. You're a good cook!

　B : You're welcome. I'm happy to (_____) that. Please come again.

(3) A : You look so busy. Are you OK?

　B : I have to finish (_____) the living room before three. Can you help me?

　A : Sure.

....
: clean　　listen　　play　　hear　　talk :
....

65

2 時制

◎時制の使い分け

例題 次の会話文の（　　）内の語を必要に応じて適する形に変えて書きなさい。ただし1語とは限らない。

(1) A：My sister usually （ Ⓐ take) a piano lesson on Saturdays.
　　B：Me too! But I （ Ⓑ take) one on Sunday last week.

(2) A：I （ Ⓐ watch) the baseball game at the stadium next weekend.
　　　I'm excited!
　　B：There （ Ⓑ be) a lot of people at the stadium yesterday.
　　　Be careful.

(3) A：I （ Ⓐ live) in this city for three years. How about you?
　　B：I （ Ⓑ move) here in 1979. I like this place very much.

(4) A：What were you doing when I （ Ⓐ call) you last night?
　　B：I （ Ⓑ do) my homework then. It was very hard.

解説 (1) 答 Ⓐ **takes** Ⓑ **took** 　Ⓐは習慣的にしていることを表すので現在形。主語が3人称単数なのでtakesとなる。Ⓑはlast weekがあるので過去形にする。

(2) 答 Ⓐ **will watch**〔**am going to watch**〕 Ⓑ **were** 　Ⓐはnext weekendがあるので未来のことを表す。Ⓑはyesterdayがあるので過去形。主語が複数であるためwasではなくwereにする。

(3) 答 Ⓐ **have lived** Ⓑ **moved** 　Ⓐはfor three yearsという期間を表す語句があるため，現在完了形にする。Ⓑはin 1979という過去の表現があるため過去形にする。なお，過去の表現と現在完了形は一緒に使うことはできない。

(4) 答 Ⓐ **called** Ⓑ **was doing** 　Ⓐは過去のある1点の出来事なので過去形。Ⓑは過去のある1点で進行中の動作を表しているので過去進行形。

ポイント 時制が変わると動詞の形が変わることに注意！　現在，過去，未来，進行形，完了形のどの時点の話かを見極めること。時を表す表現がヒント。

Challenge! −実戦問題−

解答 ➡ 別冊p.11

1 正しい英文になるよう（　　）内の語句を並べかえなさい。

(1) A：The boy （ ア tennis　イ playing　ウ is　エ the park　オ in) my brother.
　　B：I see. Wow, he is a good tennis player.　＿＿＿＿＿＿＿＿〔栃木県-改〕

(2) A : Look at my handmade dolls. Aren't they cute?

B : What cute dolls! You (ア did　イ good　ウ very　エ a　オ job).

〔兵庫県-改〕

(3) A : (ア many　イ have　ウ how　エ you　オ countries) visited?

B : Three. They are Germany, Canada, and Australia.

〔宮崎県〕

(4) A : (ア think　イ you　ウ will　エ it　オ do) rain next weekend?

B : I don't think so.

〔栃木県-改〕

2 次の英文は，高校1年生の生徒が，英語の授業で放課後の予定について話した内容である。 ①
～ ③ に入る英語を，あとの語群から選び，必要に応じて適切な形に変えたり，不足している語
を補ったりして，英文を完成させなさい。ただし，2語以内で答えること。　〔兵庫県〕

Today, my parents are very busy. So I'm going ① curry and rice for them
tonight. I'll use fresh vegetables my grandmother ② to us yesterday. I'll
go shopping when school ③ . I hope they'll like my curry and rice.

cook　eat　finish　give　grow

①_____　②_____　③_____

3 次は，Minami と留学生の Beth との対話の一部である。2人は，和菓子（*wagashi*）の店で話を
している。これを読んで，下の(1)～(3)に答えなさい。　〔山口県〕

Beth　　 : I visited this *wagashi* shop for the first ___(A)___ .

Minami : Really? I (B)(buy) "*sakuramochi*" in this shop last week. It was very
　　　　　good.

Beth　　 : Oh, there are many kinds of *wagashi* here! Which one is "*sakuramochi*"?

Minami : Look. This is "*sakuramochi*". Do you want to ___(C)___ it or choose
　　　　　another *wagashi*? Which one do you want to eat?

Beth　　 : Oh, that's a very difficult question for me. Each *wagashi* in this shop
　　　　　is so (D)(can't / beautiful / that / eat / I) it.

Minami : Then, let's take some pictures ___(E)___ we eat *wagashi*. Later, we can
　　　　　enjoy looking at the beautiful *wagashi* in the pictures.

Beth　　 : That's a good idea!

(1) 下線部(A)(C)(E)に入る最も適切なものを，それぞれ**ア**～**エ**から1つずつ選び，記号で答えなさい。

(A)　ア house　　イ food　　ウ flower　　エ time　　_____

(C)　ア teach　　イ find　　ウ try　　エ build　　_____

(E)　ア before　　イ but　　ウ of　　エ with　　_____

(2) 下線部(B)の（　　）内の語を，適する形に変えて書きなさい。　_____

(3) 下線部(D)の（　　）内の語を，本文の内容に合うように並べかえなさい。

67

3 長文読解問題

ステップアップ学習

◎文の前後関係を理解し，適切な文を選ぶ

例題▶ 次の英文中の（　　）には，下の**ア**〜**ウ**の３つの文が入る。意味の通る英文になるように，**ア**〜**ウ**の文を並べかえて，記号で答えなさい。

My grandmother likes to grow vegetables. （　　） She was very happy. After that, she gave us some fresh watermelons.

　ア Yesterday, she was watering them.
　イ So my sister and I helped her.
　ウ There are tomatoes, potatoes, and watermelons by her house.

解説▶ 答 **ウ→ア→イ**　　選択肢の中にある them, her といった「指示語」に注目する。**ア**の them は**ウ**の tomatoes, potatoes, and watermelons なので，**ウ**は**ア**よりも前にくる。〈訳〉私の祖母は野菜を育てるのが好きです。**ウ** 彼女の家の側にはトマト，ジャガイモ，スイカがあります。→**ア** 昨日，彼女は野菜に水をやっていました。→**イ** だから，妹［姉］と私は彼女の手伝いをしました。彼女はとても喜んでいました。そのあと，彼女は私たちに新鮮なスイカをくれました。

ポイント 話の流れや指示語，代名詞などがどう使われているかに注意する。指示語はふつう，すでに出た語の後ろに出てくる。また，時間の流れを考えて解答することが正解につながるコツ。

Challenge! −実戦問題−

解答 ➡ 別冊 p.12

1 次の英文を読んで，（　　）に入る語として最も適切なものを，下の**ア**〜**エ**から１つ選びなさい。

〔滋賀県〕

　Television changed the lives of people all over the world.　It is one of the most （　　） ways of getting information today.　Television is one word, but it is from two words, "tele" and "vision".　"Tele" means "far away" and "vision" means "picture".　Now you understand why we call this machine "television".

　　ア popular　　**イ** difficult　　**ウ** beautiful　　**エ** careful

2 次の英文中の □ には，下のア～ウの３つの文が入ります。意味の通る英文になるように，ア～ウの文を並べかえて，記号で答えなさい。 〔茨城県〕

I'm going to talk about my weekend. On Saturday, I went to the stadium to watch a soccer game with my family. It was raining during the game. □ Now it is my favorite T-shirt. I will wear it when I go to the stadium next time.

ア One of them is this red T-shirt.

イ However, watching the game was very exciting because it was my first time.

ウ After the game, I bought many things at the stadium.

3 次の英文を読んで，本文中の（ Ⓐ ）（ Ⓑ ）に入る最も適切なものを，それぞれ次のア～エから１つずつ選び，その記号を答えなさい。 〔千葉県〕

We blink about 15,000 times in a day. Each blink is only 0.3 seconds long. It means that we (Ⓐ) our eyes for 75 minutes each day when we are awake. Most of us blink about 15 times in a minute, but we don't blink so often when we are concentrating. For example, we usually blink about 15 times in a minute when we are talking with our friends, but when we are reading a book, we blink about (Ⓑ) times in a minute. So, maybe you are not blinking so much right now because you are concentrating on reading this.

（注）blink まばたきする，まばたき　second 秒　awake 起きている　concentrate 集中する

Ⓐ **ア** catch　　**イ** close　　**ウ** open　　**エ** show
Ⓑ **ア** 10　　**イ** 20　　**ウ** 30　　**エ** 40

4 次の英文は，新聞記事の一部です。この記事が伝えている内容として最も適切なものを，下のア～エから１つ選んで，その記号を書きなさい。 〔茨城県〕

How many colors do you see in a *rainbow? Most Japanese people think it has seven colors. They are red, orange, yellow, green, blue, *indigo blue and *purple. Some American people may say it has six colors. In other cultures, there are people who think it has five. All of these ideas are right because we are all different. If you understand differences, you will see the world in a different way.

（注）rainbow 虹　indigo blue 藍色（あい）　purple 紫色

ア It is important to see a lot of colors in a rainbow.

イ People from different cultures always see the same number of colors in a rainbow.

ウ Japanese people don't know how many cultures there are in the world.

エ We can learn different ways of thinking by understanding differences.

4 対話文読解問題

ステップアップ学習

◎会話の流れをつかむ

例題 次の対話文を読んで，それぞれの対話の状況を考え，最も適切な応答となるように，□□に入るものを，下の**ア〜エ**から1つ選んで，記号で答えなさい。

Laura ：Let's go to see the movie "Little Dog." It's a good movie from America.

Tomoko：Sorry. □□□□

Laura ：Then how about "Frozen Princess"?

ア I've been to America once.
イ I've already seen it.
ウ I've never touched dogs.
エ I've had a dog since last year.

解説 **答 イ**　「リトル・ドッグ」という映画を見に行こうと提案するローラだが，トモコはそれに対しSorry.と返答している。さらに，その次のローラの発言では「フローズン・プリンセス」という違う映画を見に行こうと提案している。このことから，**イ**の「その映画を見たことがあります」が自然な話の流れになる。

ポイント　まずは何についての会話なのかを理解する。そして，空所の前と後ろで話の流れが同じか，変わっているかに注目しながら解答を選び，最後に会話文が自然な流れになっているかを確かめる。

Challenge! −実戦問題−

解答 ➡ 別冊p.13

1 次は，AとBの対話である。 ① ～ ④ に入る最も適切なものを，**ア〜エ**からそれぞれ1つずつ選びなさい。

〔福島県〕

〔*At home*〕
A：You look tired. ①
B：I did a lot of homework. ②
A：It seems hard. ③
B：No, not yet.
A： ④
B：Yes, please.

ア Would you like some sweets to relax?
イ And it took lots of time.
ウ Have you finished all of it?
エ What's wrong?

①_____　②_____　③_____　④_____

2 次は，Ayaと姉のKaoriのクラスメートであるLindaとの電話での対話である。下の①，②の英文が入る最も適切な場所を対話文中の〈　ア　〉～〈　エ　〉からそれぞれ1つ選び，その記号を書きなさい。　　　　　　　　　　　　〔鹿児島県〕

① But can I leave her message?　　② She isn't home now.

Linda：Hello.　This is Linda.　May I speak to Kaori?
Aya　：I am sorry. 〈　ア　〉
Linda：What time will she come back? 〈　イ　〉
Aya　：Well, I don't know.　Do you want her to call you later?
Linda：No, that's OK. 〈　ウ　〉
Aya　：Sure.
Linda：We were going to meet at six this evening, but I want to change the time. 〈　エ　〉
　　　　Could you tell her to come at seven?
Aya　：I see.　I will tell her.

①_____　②_____

3 次の絵は，大学生の健二（Kenji）が友人のグレンダ（Glenda）と下の会話をしている一場面を表している。この絵をもとに，下の問い(1)(2)に答えなさい。　　　　　　　〔京都府〕

Glenda：I haven't seen your brother, Haruki, for a long time.　How is he?
Kenji　：He is fine.　I ┌①┐ from him yesterday.　He wrote about his life in Osaka.
Glenda：Oh, that's good.　Is he enjoying it?
Kenji　：Yes.　He wants to see us. ┌②┐ Osaka together?
Glenda：Let's do that!
Kenji　：OK.　I'll tell him about it.

(1) 会話が成り立つように，┌①┐に入る適切な英語を，**3語**で書きなさい。

_____

(2) 会話が成り立つように，┌②┐に入る適切な語句を，**3語以上5語以内**で書きなさい。

_____

5 絵・図・表を使った読解問題

ステップアップ学習

◎絵・図・表を読み取る

例題 下のグラフは，先週，Kentaがギターの練習をした時間を表しています。このグラフから読み取れることとして最も適当なものを**ア～エ**から1つ選び，その記号を書きなさい。

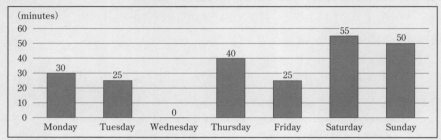

ア Last Sunday, Kenta practiced playing the guitar the longest.
イ Kenta practiced playing the guitar every day last week.
ウ Kenta played the guitar longer on Monday than on Saturday.
エ Kenta played the guitar on Tuesday as long as on Friday.

解説 **答 エ** 火曜日も金曜日も25分間ギターの練習をしたことがわかる。as ～ as ...で「…と同じくらい～」という意味。

ポイント 表やグラフを見て解答する問題は数字を正確に読み取ることが大切。問題によっては，表やグラフの複数の項目の数字をたしたりひいたりして解答を求める必要もあるため，英文を正確に読むこと。

Challenge! −実戦問題−

解答 ➡ 別冊p.14

1 次の英文は，高校生の明（Akira）が，英語の授業で行った，移民についてのスピーチの原稿です。これを読み，あとの問いに答えなさい。 〔和歌山県-改〕

I did a *homestay in Australia. I stayed with a *host family. My host father and host mother were *immigrants from India. I stayed with people from India in Australia! It was interesting. My host mother said, "There are a lot of immigrants from many countries in Australia."

When I came back to Wakayama, I told my family about immigrants in Australia. My father said, "You had a good experience. Well, about 100 years ago, many immigrants from Wakayama worked in foreign countries. They also

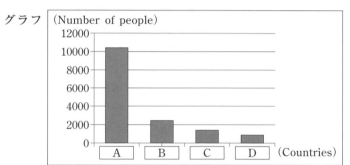

*introduced foreign cultures to Wakayama. You can see *Western-style houses in some places." I wanted to know more about immigrants from Wakayama. So I studied about them.

First, I found the number of immigrants from Wakayama in foreign countries. Then I made a *graph about them. The immigrants went to many countries. Please look at the graph. It shows the number of people who lived in foreign countries in 1927. The countries in the graph were the *top four countries for immigrants from Wakayama. Many people lived in Australia, but more people lived in *Canada. More than 10,000 people lived in the United States. Brazil comes after these three countries.

Studying about immigrants from Wakayama is very interesting. I still want to know many things. For example, I want to know about their jobs in foreign countries. I'll keep studying about immigrants.

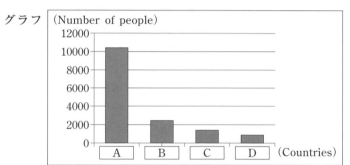

グラフ (Number of people)

(注)
homestay ホームステイ
host ホストの（ホームステイ先の）
immigrant 移民
introduce 伝える
Western-style 西洋式の
graph グラフ
top four countries 上位4か国
Canada カナダ

(1) 本文の内容に合うように，次の①②の（　　）にあてはまる最も適切なものを，それぞれア～エから1つ選びなさい。

① Akira （　　　　　　）.
　ア went to India with his father
　イ met a family from India in Australia
　ウ saw people from Wakayama in Australia
　エ invited his host mother to Wakayama

② Akira （　　　　　　）.
　ア wants his father to go to Australia
　イ lives in a Western-style house
　ウ will keep studying about immigrants
　エ will work hard to help immigrants

(2) 本文の下線部the graphについて，本文の内容に合うように，グラフの　A　～　D　にあてはまる最も適切な国名を，次のア～エから1つずつ選び，その記号を書きなさい。
　　　　ア Australia　　イ Canada　　ウ the United Stats　　エ Brazil
　　　　　　　　　A＿＿＿＿＿　B＿＿＿＿＿　C＿＿＿＿＿　D＿＿＿＿＿

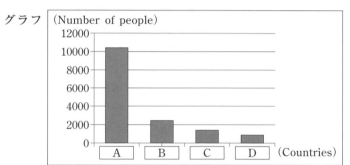

6 長文総合問題

ステップアップ学習

◎英文の前後関係を正しく読み解く

例題　Do you like cats?　Cats are popular pet animals all over the world. Some people say that cats and *humans have been friendly for 10,000 years.〔　ア　〕Some people say that cats were brought to Japan from China in the Nara *period.　Cats saved important *scriptures from being *chewed by *mice at temples.〔　イ　〕In the Heian period, *upper-class people started to keep cats as pets for the first time.　Cats became more popular as mice *sweepers in the early Edo period, but cats were very expensive at that time.〔　ウ　〕*Instead, people bought *charms with the picture of cats to keep mice away.　Cats became *closer to people from the Meiji period, and today many people keep a cat as a member of their family.

> (注) human 人間　　period 時代　　scripture 経典　　chew かんで食べる
> mice mouseの複数形　　upper-class 上流階級の　　sweeper 掃除する人, もの
> instead 代わりに　　charm お守り　　close 近い

(1) 次の1文を〔ア〕〜〔ウ〕のいずれかに入れるとき, どこに入れるのが最も適切か, 記号で答えなさい。

　　　But do you know when cats came to Japan?

(2) 次の3つの英文を読んで, 本文の内容に合うものには○, そうでないものには×を書きなさい。

　　① People have had cats only for 100 years.
　　② Cats came from China in the Nara period.
　　③ Charms with the picture of cats were popular in the Meiji period.

解説　(1) **答** **ア**　　空所アの直後に,「ネコは奈良時代に中国から日本にやってきた, という人がいます」という意味の文がある。

(2) **答** ① × ② ○ ③ ×　　① 6文目に,「平安時代にはじめて, 上流階級の人々がネコをペットとして飼いはじめた」とある。② 「ネコは奈良時代に中国から日本に持ち込まれた」という4文目の記述と一致。③ 後半に,「江戸時代, ネコはとても高価だったため, 人々はネズミ退治のためにネコの絵のお守りを買い, (実際の) ネコは明治時代になってから人々の身近なものになった」ことが書かれている。

> **ポイント**　長文を読むとき,「誰が」「どうした」という話の流れを確実に押さえながら読み進めていくことが基本であるが, それに加え「時」や「場所」を表す表現も正しく読み取る。

1 次の英文を読んで, あとの問いに答えなさい。

〔栃木県 - 改〕

　Many people love bananas. You can find many ⬚ to eat them around the world. For example, some people put them in cakes, juice, salads, and even in soup. Bananas are also very healthy and they have other good points. In fact, Bananas may *solve the problems about plastic.

　Some people in India have used banana *leaves as plates, but those plates can be used only for a few days. Today, like people in other countries, people in India are using many things made of plastic. For example, they use plastic plates. After the plates are used, they are usually *thrown away. That has been a big problem. One day, an Indian boy decided to solve the problem. He wanted to make banana leaves stronger and use banana leaf plates longer. He studied about banana leaves, and finally he *succeeded. Now, they can reduce the plastic plate.

　This is not all. A girl in *Turkey wanted to reduce plastic made from oil. Then she *focused on banana *peels because many people in the world throw them away. Finally, she found how to make plastic which is kind to the earth. Before she found it, she tried many times at home. After two years' effort, she was able to make that kind of plastic. She says that it is easy to make plastic from banana peels, so everyone can make it at home.

　Now, you understand the wonderful points bananas have. Bananas are popular food and, at the same time, they can save the earth.

　　(注) solve 解決する　　leaves leaf (葉) の複数形　　throw ～ away ～を捨てる
　　　　succeed 成功する　　Turkey トルコ　　focus on ～ ～に注目する　　peel 皮

(1) 本文中の ⬚ に入る語として最も適切なものを, **ア**～**エ**から選びなさい。
　　ア days　　**イ** fruits　　**ウ** trees　　**エ** ways　　_____

(2) 下線部について, 何をすることによって問題を解決しようと思ったか。日本語で書きなさい。

_____

(3) 次の ⬚ 内の英文は, 筆者が伝えたいことをまとめたものである。( ) に入る最も適切なものを, あとの**ア**～**エ**から選びなさい。

> Many people in the world like eating bananas. Some use banana leaves and peels to reduce plastics. If you look around, (　　　　　　　).

　　ア you may find a new idea to make something good for the earth
　　イ you may find plastic plates which you can use again and again
　　ウ you will learn that many people like bananas all over the world
　　エ you will learn that people put bananas into many kinds of food　_____

総合テスト

1 次の英文の①〜③に入る英語を，あとの語群から選び，必要に応じて適切な形に変えたり，不足
している語を補ったりして，英文を完成させなさい。ただし，2語以内で答えること。　〔兵庫県〕
[5点×3]

Today, I had the first class with our new ALT.　He introduced himself to us.
He comes from Canada.　He can speak English and French.　French　①　in
Canada.　I did not know that.　He　②　to a tennis club when he was in
university.　I enjoyed　③　to his story very much.

> belong　　listen　　plan　　speak　　visit

①＿＿＿＿＿＿＿＿＿
②＿＿＿＿＿＿＿＿＿
③＿＿＿＿＿＿＿＿＿

2 次の英文中の　　　　には，下のア〜ウの3つの文が入ります。意味の通る英文になるように，ア
〜ウの文を並べかえて，記号で答えなさい。　〔茨城県〕[5点]

I went to Hokkaido with my family during winter vacation for the first time.
At first, I thought that I couldn't enjoy the trip because it was very cold there.
　　　　The *sushi* I ate on the third day was great.　I want to go there again.

　ア I also ate many kinds of dishes.

　イ For example, I enjoyed skiing and other winter sports.

　ウ However, I had a lot of fun.

＿＿＿＿＿＿＿＿＿＿

3 次の英文は，高校生の早紀（Saki）と ALT（外国語指導助手）のトム（Tom）との対話です。これ
を読み，あとの問いに答えなさい。　〔和歌山県-改〕

Tom：Saki, how was your holiday?

Saki：Wonderful!　I joined a program to guide foreign students in English.
　　　Three students came to our town.

Tom：I see.〔　　〕?

Saki：They were from New Zealand.　I guided Mike, one of the students.

Tom：I see.　How was it?

Saki：In the morning, I had a problem.　I just told him my name and started
　　　guiding him.　I gave him some information from a guidebook.　However,
　　　he didn't look happy.　 A

Tom：So why was your holiday wonderful?

Saki：When we had lunch, we talked about our hobbies, schools and so on.

After that, Mike showed me a book. It was about Japanese movies. I love Japanese movies, too! We talked about Japanese movies which were popular in New Zealand.

Tom： Good! ☐ B ☐ You made a good relationship with Mike at lunch time.

Saki： Yes. I really enjoyed lunch time with Mike. In the afternoon, we went to a temple. I started guiding him again. Mike looked happy and asked me many questions about the temple. I answered his questions. Mike smiled. I was glad that he was interested.

Tom： I'm sure he had a good time with you.

Saki： Thank you. I realized the importance of making good relationship with people.

Tom： That's great.

Saki： By making a good relationship with tourists, we can make their stay better.

Tom： That's right.

(注) guide 案内する　　New Zealand ニュージーランド　　guidebook ガイドブック
hobby 趣味　　relationship 関係　　answer 答える　　tourist 旅行者

(1) 対話の流れに合うように，本文の〔　　〕にふさわしい英語を書きなさい。ただし，語数は4語以上とし，符号（．，?!）などは語数に含まないものとする。　　　　　　　　　　　　　　[10点]

_____

(2) 対話の流れに合うように，文中の ☐ A ☐, ☐ B ☐ にあてはまる最も適切なものを，それぞれア〜エから1つずつ選び，その記号を書きなさい。　　　　　　　　　　　　　　[5点×2]

☐ A ☐　　ア He was glad to listen to me.　　　　A_____　B_____

　　　　イ He didn't come to my town.

　　　　ウ I was also happy when I talked with him.

　　　　エ I didn't know what to do.

☐ B ☐　　ア Talking about Japanese movies sounds interesting.

　　　　イ Visiting a temple sounds interesting.

　　　　ウ Making lunch together sounds interesting.

　　　　エ Studying foreign languages with Mike sounds interesting.

(3) 下線部 That の内容を，日本語で具体的に書きなさい。　　　　　　　　　　　　　　[10点]

_____

4 次の対話文(1)～(3)の□□□に入る最も適切な英語を，下のア～エからそれぞれ1つずつ選びなさい。

〔岩手県-改〕[4点×3]

(1) A : These bananas and oranges look very good.

 B : Yes. Which do you want to eat for breakfast tomorrow?

 A : Let's buy both of □□□. I love all fruits.

   ア them   イ it   ウ you   エ us _____

(2) A : You play the piano very well.

 B : Thank you. Can you sing this song?

 A : Yes. This song is often □□□ in music classes in Japan.

 B : Oh really? Please sing it. I will play the piano.

   ア sang   イ sing   ウ singing   エ sung _____

(3) A : Everything was good, Ms. Green. I especially liked the cake.

   May I have another piece?

 B : Of course. □□□ yourself.

   ア Eat   イ Have   ウ Help   エ Take _____

5 次の対話について，□①□～□③□に入る最も適切なものを，それぞれア～エから選びなさい。

〔北海道-改〕[5点×3]

Risa : Hi, Jim. I heard you're going to leave Hokkaido next month.

Jim : Yes, Risa. What should I do before I leave Japan?

Risa : Have you ever been to the art museum in our town?

Jim : Yes. □　①　□ It was great.

Risa : Oh, OK. Then, have you ever watched a basketball game in Hokkaido?

Jim : No, I haven't. Is there any stadium near here?

Risa : Yes! □　②　□ Many people in our town enjoy watching the games.

Jim : Good. I want to watch it with you there. □　③　□

Risa : OK. Let's go!

   ア My father has been there before coming to Japan.

   イ We have one in the next town.

   ウ How about going there with me this weekend?

   エ My Japanese friends took me there.

   ①_____ ②_____ ③_____

6 次の英文は，英語の授業で，千香（Chika），幸太（Kota），友紀（Yuki）の3人の生徒が，自分たちのお気に入りのものについて，それぞれスピーチしている場面のものである。これを読んで，あとの問いに答えなさい。　　　　　　　　　　　　　　　　　　　　〔北海道〕

Chika：Look at this picture. You can see beautiful stars! I took this picture when I went camping with my family this summer. When the night came, I was very *moved to see a lot of stars in the sky. Under the beautiful sky, my mother told me about some interesting *myths about the stars. I can never forget that night. Thank you for listening.

Kota：I'll tell you how I got this special ball. I like baseball very much and I often go to the stadium to watch *professional baseball games. One day, my favorite player hit a *home run and his team won the game. After the game, some players threw balls to the fans and I caught this ball with my glove. I was very surprised because the ball had my favorite player's *autograph! So, this became my special ball. That's all.

Yuki：This is my favorite book. For my birthday, my friend gave me this book. It's about an adventure. I wasn't interested in reading books very much then, but I tried reading it. *Actually, it was so exciting that I read it in a day. Since then, I've read many books. I think books take me to different worlds and I can be a different person. How about reading more books, everyone?

　（注）moved 感動した　　myth(s) 神話　　professional プロの
　　　　home run（野球の）ホームラン　　autograph（有名人等の）サイン　　actually 実際は

(1) 本文の内容に合うものを，**ア〜オ**から2つ選びなさい。　　　　　　　　　[6点×2]

　　ア Each student said something about their family in their speech.

　　イ The picture of the stars was taken by Chika when she went camping.

　　ウ Yuki's friend told Yuki some stories about stars on her birthday.

　　エ Both of Chika and Kota's favorite things were given to them by their friends.

　　オ Yuki read the book about an adventure in a day because it was exciting.

(2) 本文の内容から考えて，次の問いに対する答えを，主語と動詞を含む英文1文で答えなさい。

　　Why is Kota's ball special?　　　　　　　　　　　　　　　　　　　[11点]

初版
第 1 刷 2021年12月 1 日 発行

●編 者
　　数研出版編集部
●カバー・表紙デザイン
　　有限会社アーク・ビジュアル・ワークス

発行者　星野　泰也

ISBN978-4-410-15050-0

チャート式®シリーズ　　中学英語　　総仕上げ

発行所　数研出版株式会社
〒101-0052　東京都千代田区神田小川町 2 丁目 3 番地 3
　　　　　　　　〔振替〕00140-4-118431
〒604-0861　京都市中京区烏丸通竹屋町上る大倉町205番地
〔電話〕代表　(075)231-0161
ホームページ　https://www.chart.co.jp
印刷　創栄図書印刷株式会社

本書の一部または全部を許可なく
複写・複製することおよび本書の
解説・解答書を無断で作成するこ
とを禁じます。

乱丁本・落丁本はお取り替えいたします　211001

「チャート式」は，登録商標です。

解答と解説

復習編

1 be動詞の文

Check! 本冊 ➡ p. 4

1 (1) am, I'm (2) You're
(3) This is, She is (4) That is not
(5) He is (6) I'm not, I'm
(7) She's not[She isn't]
(8) We aren't[We're not]
(9) They are (10) is from (11) are

2 (1) I was (2) You were (3) It was
(4) We weren't (5) father was
(6) weren't (7) wasn't
(8) My parents were

3 (1) There's a (2) There are some
(3) There was (4) There were
(5) There wasn't an[There was no]
(6) There are no[There aren't any]

Try! 本冊 ➡ p.6

1 (1) am (2) isn't (3) are (4) are (5) were

2 (1) I was very happy.
(2) My grandfather was in the garden.
(3) There were five sheep on the hill.
(4) He is not[isn't] a student of this school.
(5) You are busy.

3 (1) favorite subjects are English and geography
(2) is a famous port city in Japan
(3) There are 7.8 billion people in the world
(4) This is my father and that is Megumi's father

4 (1) This is not[isn't] my umbrella.
(2) My aunt was not[wasn't] a calligraphy teacher.
(3) The man in the room is my cousin.
(4) There are no books on the shelf.
(5) There is not[isn't] any milk in the refrigerator.

5 (1) 私はメアリー・アダムスです。オーストラリア出身です。
(2) ハルトは今，音楽室にいます。
(3) 動物園にはたくさんの動物がいます。

6 (1) My dream is to become a soccer player.
(2) Are you hungry now?
(3) These flowers are very beautiful.
(4) There are no classes today.

解説

1 (5) last week（先週）とあるのでbe動詞は過去形。
2 (3) sheep（羊）は単数も複数もsheep。
3 (3) billion「10億」
4 (2) calligraphy「書道」
5 (2) 〈主語＋be動詞＋場所〉で，「～にいる」という意味。
6 (1) becomeはbeでも正解。
(5) There are not[aren't] any classes today. も正解。There is[are] no ～またはThere is[are] not any ～で，「～はありません」「～はいません」という意味。否定文の場合でも数えられる名詞は複数形にするためclassesとなり，be動詞はaren'tを用いる。

2 一般動詞の文

Check! 本冊 ➡ p.8

1 (1) like, eat (2) play, play the
(3) don't go (4) have a, a (5) likes
(6) reads (7) has a (8) doesn't know
(9) studies, plays (10) watch

2 (1) I cleaned (2) You danced
(3) I carried (4) We enjoyed
(5) didn't want (6) went to, bought
(7) stopped (8) I got up, didn't eat[have]

3 (1) look (2) looks like (3) looks
(4) looked (5) looked like a

1 (1) lives　(2) want　(3) went　(4) play
(5) ran　(6) wrote

2 (1) Ryuji played the drums in the music room.
(2) My sister has white shoes.
(3) Mina spoke English well.
(4) I didn't play the piano.
(5) You don't go to the library.

3 (1) uncle taught science at the junior high school
(2) went shopping with my friends yesterday
(3) He looked like an actor on the stage at the school festival
(4) sometimes play tennis with Alisa and Tom

4 (1) My brother doesn't like fish.
(2) I told you the truth.
(3) Alice goes to school by bus.
(4) I tried the video game and liked it.
(5) I meet Mr. Honda and talk with him.

5 (1) 姉[妹]と私はよい知らせ[ニュース]を聞きました。
(2) 彼は数学と体育が好きではありません。
(3) カレンは彼女のお父さんへのプレゼントをバッグの中に持っています。

6 (1) I did my homework.
(2) Andy speaks Japanese very well.
(3) My father took a lot of[lots of, many] pictures during the[his] trip.
(4) The match[game] begins at 4 p.m.[4 in the afternoon].

解説
1 (3) last week があるので過去の文。go の過去形は went。
(5) then (そのとき) があるので過去の文。run の過去形は ran。
(6) yesterday があるので過去の文。write の過去形は wrote。
2 (2) 3人称単数現在の文に直すので動詞は has。
3 (2) go shopping「買い物に行く」。went は go の過去形。
4 (1) fish は単数も複数も fish。
(2) the truth「真実」
(3) 〈by+乗り物〉で「〜で」と交通手段を表す。
5 (1) heard は hear「聞く」の過去形。

6 (1) do homework「宿題をする」。did は do の過去形。
(3) pictures は photos でも正解。
(4) begins は starts でも正解。

3 命令文・感嘆文

1 (1) Open　(2) Go back　(3) Read, write
(4) wash　(5) Please come
(6) Show, please　(7) I'm, Please call
(8) Be　(9) Don't be　(10) Don't swim
(11) Please don't worry
(12) Let's make, play
(13) Let's take, let's　(14) Let's not
2 (1) What　(2) How　(3) How　(4) How, are
(5) What a　(6) How lucky　(7) What a
(8) Look at, What an　(9) What a, was
(10) What a　(11) How funny

1 (1) Stand　(2) have　(3) Be　(4) What
(5) How

2 (1) Take out your notebook
(2) Don't forget your promise
(3) Please repeat that
(4) Let's go to the movie this weekend
(5) What a nice dress this is
(6) How cute that koala is

3 (1) difficult this question is!
(2) a funny comedy movie that was!
(3) tall those buildings are!

4 (1) Don't leave the door open.
(2) Please wash the dishes.
(3) Let's meet at the station at five.
(4) Be kind to old people.
(5) How unlucky Nancy was!

5 (1) Run at full speed.　(2) Don't give up.
(3) Please sit down.[Sit down, please.]
(4) I bought three fish. How fresh these fish are!
(5) What a bad day (it is)!

解説
1 (1) stand up「立ち上がる」→「立ちなさい」
(2) have lunch「昼食を食べる (とる)」。go を使う場合は Let's go for lunch! と for が必要。
(3) Be quiet「静かにしなさい」

2 (1) take out「取り出す」

(2) 〈Don't＋動詞の原形〉「～してはいけない」

(3) Repeat that, please も正解。

(4) This weekend, let's go to the movie も正解。

(5)(6) a があるかないかが，what か how かを見分ける 1 つのポイント。

3 (3) What のあとの名詞が複数形の場合は a[an]はつかない。

4 (2) Wash the dishes, please. も正解。

(4) be 動詞の文を命令形にする場合は be で始める。

5 (2) give up「諦める」

(3) Please take a seat.[Take a seat, please.]も正解。

4 いろいろな疑問文

Check!
本冊 ➡ p. 16

1 (1) Are you from, I'm not, I'm from

(2) Are you, I am (3) Is he, he isn't

(4) Is this his, it is (5) Were you

(6) Did you, I didn't

(7) Does she play the

(8) Do they go to (9) Did you

2 (1) what (2) Aren't you, I am

(3) Don't you, I don't (4) isn't it

(5) doesn't she

3 (1) What, It's (2) Who is, He's

(3) Who (4) Which bus goes, does

(5) Where did (6) When does

(7) Why are

Try!
本冊 ➡ p.18

1 (1) Are (2) Is (3) Does (4) Did (5) Do

(6) Is (7) Did

2 (1) What (2) Why (3) When (4) Whose

(5) Which (6) Where (7) Who (8) How

3 (1) What do you want for your birthday

(2) Do you know how many students there are in our school

(3) You don't want to go to the event, do you

4 (1) who made these chairs

(2) what I should do this afternoon

(3) how they built the new building

5 (1) Do you like music?

(2) These tools are yours, aren't they?

(3) Aren't you tired? —— No, I'm not.

(4) How is[How's] your life in Japan?

(5) Why does she like him?

—— Because he is kind.

解説

1 (2) correct「正しい」

(4) last night があるので過去形。

2 何→what，なぜ→why，いつ→when，だれの→whose，どちら→which，どこ→where，だれ→who，どのように→how。

(8) 「何と言いますか」は「どのようにいいますか」という意味なので how。

3 (3) 「行きたくない」なので前半は否定文となり，後半の付加疑問の部分は肯定文となる。

4 間接疑問文では，疑問詞のあとに肯定文がくる。

5 (3) 否定疑問文で問われたとき，肯定する場合は yes，否定する場合は no。

(4) How about your life in Japan. も正解。

5 進行形の文・未来の文

Check!
本冊 ➡ p. 20

1 (1) is swimming (2) I'm reading

(3) are talking (4) Is it snowing

(5) Who is singing

2 (1) was sleeping (2) Were you waiting

(3) wasn't playing (4) What was, doing

(5) was listening (6) Who was talking

3 (1) I'm going to (2) Are you going to

(3) are, going to (4) We're going to

(5) What are, going to

(6) is arriving[coming] (7) not going to

4 (1) We will (2) I'll e-mail (3) Will you

(4) When will (5) Who will

(6) How long (7) I won't

Try!
本冊 ➡ p.22

1 (1) going to play (2) is making

(3) will (4) wasn't listening

(5) was running

2 (1) ウ (2) ア (3) イ (4) エ

3 (1) are running with their dogs in the park[in the park with their dogs]

(2) What are you looking for

(3) weren't reading this novel then

4 (1) Who will use the meeting room from 3 p.m.[3 in the afternoon]?

(2) Tom was watching TV during the meal.

3

(3) It will[It'll] be cold.

(4) Is Mr. Thompson watching a comedy program on TV?

(5) Who is going to drive the car to the beach?

5 (1) I will[I'll] call you tonight[this evening].

(2) Who is playing the piano?

(3) Mr. Smith was looking for you.

6 (1) 明日，私の姉[妹]は父への誕生日プレゼントを買いに行くつもりです。

(2) 昨晩は雨が激しく降っていましたか。

(3) I am[I'm] looking for my glasses.

(4) My grandmother was reading the newspaper before breakfast.

(5) I am[I'm] not going to go to karaoke today.[I won't go to karaoke today.]

解説

1 (1) tomorrow afternoon があるので未来の文。

(2) now があるので現在または現在進行形の文。

(3) gather「集合する」。

(4) wasn't 〜ing「〜していなかった」

(5) yesterday があるので過去または過去進行形の文。

2 (1) be sunny「晴れる」 (2) be back「戻る」

3 (1)(2) 現在進行形。look for 〜「〜を探す」

(3) 過去進行形。

4 (3) 天気を予測するときは will を使う。It is going to rain は予測ではなく，今にも降りそうな状態を示す。

5 (3) look for 〜「〜を探す」

6 (3) glasses (眼鏡) はレンズが2枚あるので，1つでも複数形。

6 助動詞

Check! 本冊 ➡ p. 24

1 (1) can (2) can't[cannot] (3) be able to

(4) were not able to (5) couldn't see

(6) You can[may]

(7) You may[can, must] not play

(8) may (9) must (10) has to (11) must

(12) should

2 (1) Can you (2) Was he able to

(3) Must you (4) Do, have to

(5) What should

3 (1) Can I, you can't, can

(2) Can I, you can't

(3) May I, Of course

(4) Could[Would] you

(5) Would[Could] you

(6) Would you like

Try! 本冊 ➡ p.26

1 (1) can (2) May (3) Can (4) can

(5) May (6) Can (7) may (8) can[may]

2 (1) How long do we have to wait here

(2) You shouldn't worry about the exam so much

(3) I'd like to travel to Australia

3 (1) Ms. White is able to cook roast beef well.

(2) Can he have a good time with his family on the[his] trip?

(3) Who was able to answer the question then?

(4) Ken must practice the guitar every day.

(5) Do I have to get up early tomorrow?

4 (1) Could[Would] you bring me the menu?

(2) What would you like to drink?

(3) Would you like a cup of coffee?

(4) Shall we go shopping this Saturday?

(5) Would[Could] you call me later?

5 (1) I can speak English and Chinese.

(2) You don't have to reply.

(3) Could[Would] you tell me the way to the station?

解説

1 (2) 店員が接客時に言う定型文。

(3)(6) 依頼のくだけた表現は Can you 〜?

(5) 許可を求める表現は May I 〜?

2 (1) do we have to wait は must we wait と表現することもできる。

(3) enough time「十分な時間」

3 (1)〜(3) can と be able to は，ほぼ同じ意味。

(4)(5) must と have[has] to は，ほぼ同じ意味。practice「練習をする」

4 (1) Can you 〜?のていねいな表現は Could you 〜?。

(4) Shall we 〜?は Let's 〜. とほぼ同じ意味。

(5) Will you 〜?のていねいな表現は，Would you 〜?

5 (3) the way to 〜「〜への道」

7 5つの文型

本冊 ➡ p.28

Check!

1 (1) go
2 (1) will become[be] (2) is (3) looks
   (4) looks like
3 (1) visited (2) bought
   (3) will see[watch] (4) like
4 (1) bought (2) sent (3) left (4) told
   (5) made (6) baked
5 (1) calls (2) kept[left]
   (3) named (4) make (5) keep

Try!

本冊 ➡ p.30

1 (1) live (2) walks (3) look (4) looks
   (5) like (6) threw (7) show (8) teach
   (9) call (10) made
2 (1) to me (2) for my friends
   (3) a bookshelf for me
3 (1) It is snowing outside.
   (2) Lisa's mother made us pancakes.
4 (1) My friend will become a good teacher.
   S   V   C
 私の友達はよい先生になるでしょう。
   (2) Could you pass me the salt?
   S V O O
 私に塩を取ってくださいますか。
   (3) I'm from New York.
  SV
 私はニューヨーク出身です。
   (4) His words sometimes make me angry.
   S   V O C
 彼の言葉は，ときどき私を怒らせます。
   (5) Wash your hands before meals.
  V   O
 食事の前に手を洗いなさい。
5 (1) The traffic light has just turned red.
   (2) Everything looks delicious.
   (3) My father makes us breakfast on
   Sundays.
   (4) He told me, he would do his best.
   (5) She calls the puppy Momo.
   (6) Don't leave[keep] the door open.

解説

1 (3)(4) 〈look ＋形容詞〉または〈look like ＋名詞〉
で，「〜に見える，〜のようだ」。
city hall「市役所」
   (7) work「作品」
2 (1) 〈give ＋人＋もの〉と〈give ＋もの＋to ＋人〉

は同じ意味で使える。
   (2)(3) buy, make で相手のために行う場合は〈for
   ＋人〉。bookshelf「本棚」
3 (1) SV の文。 (2) SVOO の文。
4 (3) I'm は I が主語(S)，am が動詞(V)の，SV の文。
   (5) 命令形のため主語 You は省略されている。
   meal「食事」
5 (3) on Sundays は every Sunday も正解。

8 代名詞・冠詞・数や量を表す表現

Check!

本冊 ➡ p.32

1 (1) I, They (2) It, my, Yours
   (3) He, her, She
2 (1) a, an (2) a, The (3) the
3 (1) Some (2) a few (3) much (4) any

Try!

本冊 ➡ p.33

1 (1) This, mine, I, it, me, my
   (2) She, a lot of (3) the, the, The
   (4) you, any (5) some, the
   (6) His, a, the (7) We, other
2 (1) This is mine and those are yours.
   (2) I introduced myself to them.
   (3) There is a little wind today.
   (4) All roads lead to Rome.
   (5) Eri didn't eat any of the cake.

解説

1 (1) charger「充電器」
   (2) チョコレートは可算名詞，不可算名詞のどちら
   でも使えるが，chocolate と単数になっている
   うえ，空所が3つなので a lot of を入れる。
   (3) 地球は the earth, the Earth, Earth と，い
   くつかの表し方がある。月は the moon。
   (4) Do you have any 〜?「〜はありますか」
   (5) fridge は refrigerator と同じく「冷蔵庫」
2 (3) wind (風) は数えられないので，a few ではな
   く a little。

9 前置詞・接続詞・副詞

Check!

本冊 ➡ p.34

1 (1) and (2) but (3) or (4) While
2 (1) at, at, on (2) in, for, in (3) from, to
3 (1) usually (2) either (3) too

Try!

1 (1) and, but　(2) When　(3) if
　　(4) that, and　(5) because
2 (1) so　(2) over　(3) either　(4) enough
3 (1) I wrote an e-mail to Kate, but I didn't
　　 send it.
　　(2) That supermarket is open until 10 p.m.
　　 [10 in the afternoon.]
　　(3) My father left for Kobe yesterday.

1 (2) 前半の文と後半の文は同じときのできごと。
　　(4) I hope that ～「～だといいと思う［～するこ
　　 とを望む］」
　　(5) put off「延期する」
2 (2) はるか上を指す場合は over。
　　(3) 否定文なので either。
3 (2) この場合の open は「開いている」を意味する形
　　 容詞。
　　(3) leave for ～は「～へ向けて出発する」。leave
　　 の過去形は left。

10 不定詞と動名詞

Check!　　

1 (1) likes to　(2) do, want to eat[have]
　　(3) like to have[eat]　(4) to become[be]
　　(5) to talk　(6) to see[meet]　(7) to play
　　(8) to finish　(9) looking for, to go
　　(10) anything[something] to drink
　　(11) what to say　(12) for, to　(13) wants, to
　　(14) helped me find
2 (1) singing　(2) likes going
　　(3) good at making　(4) for calling
　　(5) Is cooking　(6) enjoyed playing
　　(7) stopped talking　(8) meeting[seeing]
　　(9) good at drawing[painting]
　　(10) How about going
　　(11) Studying[Learning]

Try!　　

1 (1) want to　(2) playing　(3) reading
　　(4) to join　(5) sit
2 (1) ウ　(2) ア　(3) エ　(4) オ　(5) イ
3 (1) to snow　(2) playing
　　(3) running, to run
4 (1) to eat　(2) to hear　(3) dancing
　　(4) Speaking[To speak]　(5) to do

(6) to use
5 (1) To take　(2) How about
　　(3) It is, to be　(4) to solve
　　(5) started[began] learning
6 (1) It is[It's] nice to meet[see] you again.
　　(2) I have a lot of homework to do.
　　(3) Running[To run] in nature is
　　 refreshing.

1 (1)(4) want, decide は目的語に不定詞しかとれない。
　　(2)(3) enjoy, finish は目的語に動名詞しかとれない。
　　(3) novel「小説」
　　(5) 原形不定詞がくるので動詞の原形。
2 (1) 感情の原因・理由を表す副詞的用法。ウの
　　 disappoint は「失望させる」
　　(2) 動詞の目的語になる名詞的用法。
　　(3) 形容詞的用法。
　　(4) 副詞的用法。shrine「神社」field「競技場」
　　(5) 「～すること」を表す名詞的用法。
3 (2) musical instruments「楽器」。いろいろな楽
　　 器を指すので複数形になっている。
4 (1) 〈tell＋人＋to＋動詞の原形〉で「(人)に～する
　　 ように言う」
　　(2) 〈hope to＋動詞の原形〉「～することを望む」
　　(5) What would you like to ～で「何が～した
　　 いですか」
5 (1) take part in で「～に参加する」。the Olympic
　　 games「オリンピック競技」
　　(3) How about ～ing「～するのはどうですか」
　　(4) solve「解決する」
6 (2) a lot of は lots of でも正解。
　　(3) It's refreshing to run in nature. も正解。

11 比較の文

Check!　　

1 (1) taller than　(2) wider than
　　(3) heavier than　(4) bigger than
　　(5) faster than　(6) more interesting than
　　(7) more famous than
　　(8) more books than
　　(9) Which is bigger[larger]
　　(10) better than　(11) better than
2 (1) the tallest of　(2) the highest, in
　　(3) the most dogs in
　　(4) Who, the most, in
　　(5) Who, the youngest of

(6) the best player in (7) the best of

(8) the most, in

3 (1) as early as (2) as old as

(3) as fast as (4) was not as difficult as

(5) as well as

Try!

本冊 ➡ p.42

1 (1) larger, largest (2) easier, easiest

(3) hotter, hottest

(4) more slowly, most slowly

(5) more beautiful, most beautiful

(6) more interesting, most interesting

(7) better, best (8) less, least

(9) more, most (10) worse, worst

2 (1) taller (2) more interesting

(3) fastest (4) the best (5) the most

3 (1) She plays the trumpet better than you.

(2) This problem is the most difficult of all.

(3) Is this the oldest shrine in Japan?

(4) The bear is as white as snow.

4 (1) I like table tennis better than badminton

(2) Karen can't run as fast as Miki

(3) This island is the most beautiful place on Earth

(4) Which do you like better, beef or pork

(5) This novel is as interesting as that one

5 (1) あなたのアイデアは私のよりもよいです。

(2) 私はそれを，1回目より注意深くもう一度読みました。

(3) あなたはどの季節がいちばん好きですか。

(4) That building is taller than this one.

(5) Science is more difficult than math for me.

(6) Who is the most famous actor in your country?

解説

1 (4)〜(6) 比較的つづりの長い語は，前にmore，mostを置く。

(7)〜(10) 不規則に変化する。wellの比較級，最上級はgoodと同じ変化をする。

(9) muchもmanyと同じ変化。

2 (1)(2) thanがあるので比較級が入る。

(3)〜(5) of all（すべての中で），in 〜（〜の中で）と，複数を比較していることから最上級が入る。

3 (3) shrine「神社」

(4) as white as snow「雪と同じくらい白い」→「雪のように白い」

4 (2) 〈can't＋動詞＋as 〜 as〉「〜ほど…できない」

(4) 〈Which is better, A or B〉「AとBではどちらがより〜ですか」

5 (2) carefully「注意深く」

(4) oneはbuildingでも正解。

12 受け身の文

Check!

本冊 ➡ p. 44

1 (1) is written (2) is published

(3) is liked by (4) is not spoken

(5) Are, eaten (6) were made in

(7) was invited (8) wasn't accepted

(9) was, built (10) will be opened

(11) won't be used (12) will, be sold

2 (1) gave me ① was given a chance

② was given to

3 (1) named, was named

4 (1) is interested in

(2) were surprised at

(3) is pleased with (4) am excited about

(5) is made from (6) is made of

(7) were born, weren't

Try!

本冊 ➡ p.46

1 (1) is (2) is not (3) Were (4) won't be

(5) is held

2 (1) of (2) from (3) about (4) to (5) with

3 (1) This picture was painted by a famous painter in the 15th century.

(2) This book was not[wasn't] written by my father.

(3) Is fishing allowed in this area?
—— No, it isn't.

(4) The toy was broken by Tom.

(5) Where were these vegetables grown?

(6) What was stolen yesterday?

(7) Who was injured in the accident?

4 (1) A pen was given to Tom by Kathy.

(2) The girl is called Kiki by us.

(3) Our matching clothes were made (for us) by Nancy's mother.

(4) My smartphone was found by the police officer in the park.

5 (1) The street was filled with people.
   (2) A new building isn't going to be built here.
   (3) Are microwave ovens sold at that shop?

6 (1) My house was built fifty years ago.
   (2) These toys are made of bamboo.
   (3) A famous artist was seen near our school.
   (4) What is yogurt made from?

解説

1 (1)(2)(5) soccer, this computer, the summer concertは3人称単数なのでisを使っているものを選ぶ。
   (4) 未来の文の受け身〈助動詞＋(not)＋be＋過去分詞〉(won't[will not] be listened)は成り立つが, is not beやwas not beはbe動詞が重複するので成り立たない。

2 (1) 材料がそのままわかるのでbe made of。
   (2) 原料の質が変わるのでbe made from。
   (3) Halloween「ハロウィン」

3 (1) in 15th centuryなのでbe動詞を過去形にする。
   (3) be allowed「許可される」
   (6) purse「財布」

4 (2) SVOCの文。〈call＋O＋C〉で「OをCと呼ぶ」。もとの主語はby usで表す。
   (3) matching clothes「おそろいの服」
   (4) police officer「警察官」

5 (1) be filled with「～でいっぱいである」

6 (3) be seen「目撃される」

13 現在完了の文

Check! 本冊 ➡ p. 48

1 (1) have just come　(2) has just
   (3) have already planned
   (4) Have, finished, yet, not yet[I haven't]
   (5) hasn't stopped, yet

2 (1) have seen[watched]　(2) has been to
   (3) Have, ever done, haven't
   (4) How many times, times
   (5) have never seen

3 (1) have belonged, for
   (2) have known, since
   (3) Has, loved, since
   (4) How long has　(5) has not talked

4 (1) been waiting　(2) has been raining
   (3) has been training
   (4) Have, been cleaning
   (5) Has, been sleeping
   (6) have, been waiting

Try! 本冊 ➡ p.50

1 (1) has, for　(2) gone, yet
   (3) heard, before　(4) Have, ever
   (5) How, been

2 (1) イ　(2) ア　(3) ウ

3 (1) The plane has already taken off
   (2) How long has he been cooking in the kitchen?
   (3) Have you ever read this book

4 (1) My grandmother has never eaten cheese.
   (2) Has the train just arrived?
   (3) How long have you lived in this town?
   (4) Have you ever cooked roast beef?
   (5) How long has it been raining?

5 (1) has been running
   (2) has lived[been], since
   (3) has gone　(4) has been to

6 (1) I have just eaten[had] snacks.
   (2) How many times have you seen [watched] that movie?
   (3) I have been reading this book for three hours.

解説

1 (1) for half a year「半年間」
   (2) 「もう～してしまいましたか」とたずねるときは, 〈Have[Has]＋主語＋過去分詞～ yet?〉。
   (4) rugby「ラグビー」

2 (1) 「完了」を表す文はyetが入っているイ。
   (2) 「経験」を表す文はア。everを使っていることからもわかる。Greek food「ギリシャ料理」。stapler「ホチキス」
   (3) 「継続」を表す文は, 期間を表すforを使うことが多い。

3 (1)は「完了」。take off「離陸する」
   (2)は現在完了進行形。
   (3)は「経験」を表す疑問文。

4 (1)は「経験」, (2)は「完了」, (3)(4)は「経験」を表す現在完了の文, (5)は現在完了進行形の文。

5 (1) アキラは2時間前に走りはじめ, 今も走っているので現在完了進行形で表す。

(2) 姉 [妹] は2012年にアメリカに行き，今も住んでいることを現在完了の「継続」で表す。「～以来」はsinceを使う。

(3) 「～に行って今はここにいない」はhas[have] gone to ～で表す。

(4) 「～へ行ったことがある」はhas[have] been to ～。「4回」はfour times。

6 (2) 「何度～ したことがありますか」は〈How many times have[has]＋主語＋過去分詞 ～?〉

(3) 「3時間ずっと本を読んでいる」ので，現在完了進行形have been ～ingの形を使う。

14 現在分詞・過去分詞

Check! 本冊 ➡ p. 52

1 (1) singing　(2) talking　(3) wearing
(4) wearing glasses　(5) flying
(6) the man talking
(7) the woman driving　(8) hopping
(9) a sleeping　(10) swimming, freezing
(11) singing　(12) walking

2 (1) made in　(2) written in
(3) written by　(4) built in
(5) spoken　(6) spoken in
(7) surprised　(8) used　(9) broken
(10) fallen　(11) broken　(12) surprised
(13) boiled　(14) lost

Try! 本冊 ➡ p.54

1 (1) sleeping　(2) stolen　(3) crying
(4) sitting　(5) frozen

2 (1) playing　(2) broken　(3) working
(4) talking　(5) written

3 (1) イ　(2) ウ　(3) イ　(4) ウ　(5) ウ　(6) ウ

4 (1) The boys playing soccer are my brother and his friends
(2) The girl waving her hands over there must be Meg's sister
(3) Who is the man talking to Kana
(4) Please dry the washed dishes
(5) The lion called Leo is the star in this zoo

5 (1) playing　(2) reading　(3) taken by

6 (1) The boy wearing a[the] new uniform is Kazuya.
(2) How many students learning calligraphy are there in your class?

(3) Tom fixed my broken smartphone.

解説

1 (1) sleeping baby「眠っている赤ちゃん」
(2) stolen car「盗まれた車」
(3) crying girl「泣いている少女」
(4) the man sitting on the sofa「ソファに座っている男性」
(5) frozen pizza「凍ったピザ」

2 (1)(3)(4)は現在分詞，(2)(5)は過去分詞。

3 挿入する分詞が，現在分詞「～している」なのか，過去分詞「～された」なのかを考えて，文中のどの名詞と結びつくかを考える。

4 (1) the boys playing soccer (サッカーをしている少年たち) のplayingが現在分詞。
(2) the girl waving her hands (手を振っている女の子) のwavingが現在分詞。
(3) the man talking to (～に話しかけている男性)」のtalkingが現在分詞。
(4) washed dishes (洗ったお皿) のwashedが過去分詞。
(5) the lion called Leo (レオと呼ばれているライオン) のcalledが過去分詞。

5 (1) 現在分詞playingが名詞the menを修飾する。
(2) 現在分詞readingが名詞a girl (in the library) を修飾する。
(3) 過去分詞takenが名詞picturesを修飾する。

6 (1) the boy (男の子) に修飾語句wearing (着ている) を続ける。
(2) student (生徒) に修飾語句learning (習っている，学んでいる) を続ける。
(3) smartphone (スマートフォン) を修飾語句broken (壊れた) が前から修飾する。

15 関係代名詞

Check! 本冊 ➡ p. 56

1 (1) who　(2) who　(3) which has
(4) which　(5) who, with, lives　(6) who
(7) What, who　(8) which have
(9) who is　(10) which

2 (1) which my brother bought
(2) which you saw
(3) which she was wearing
(4) who　(5) which, for　(6) which, in
(7) which, at　(8) the, that
(9) the most popular, that
(10) everything that　(11) which

(12) The, that　(13) Mary took
※who, whichはいずれもthatも正解。

Try!　本冊 ➡ p.58

1 (1) which　(2) who　(3) which　(4) who
(5) who　(6) which
2 (1) The man who I met at the restaurant
was Matthew's brother.
(2) Peaches are the fruit which I like
the best.
(3) There were a lot of people who came
to see the famous singer.
(4) I have a piano which was made in
Germany.
(5) Where did you buy the cakes which
were made by a famous patissier?
3 ア, エ
4 (1) I have a cat which is three years old
(2) Have you ever read a book which
was written in English
(3) That's all I want to say.
(4) Do you know the boy that Tomomi
is talking with
5 (1) which[that] were　(2) who[that] is
(3) which[that] has
6 (1) He is looking for a person who[that]
can speak French.
(2) We are going to take a train which
[that] goes to Tokyo Station.
(3) Everything that you had said came true.

解説
1 (1)(3)(6) ものや動物の場合はwhich。
(2)(4)(5) 人の場合はwho。award「賞」
2 ものか人かを確認して関係代名詞を選び，2つの文
をつなげる。
3 省略できるのは目的格の関係代名詞。関係代名詞
の後ろが〈主語＋動詞〉の文を選ぶ。
4 (3) allなので関係代名詞はthat。さらに，目的格
の関係代名詞なので省略することができる。
5 (1) 「祖母によって買われた」という意味なので，関
係代名詞のあとは受け身の文にする。
(3) そのものが持っている特徴を表すときは
has[have]を使う。
6 (1) look for「探す」
(2) 「～するつもり」はbe going to。
(3) everythingがあるので，関係代名詞はthat
を使う。

16 仮定法

Check!　本冊 ➡ p.60

1 (1) are, will　(2) snows, will
2 (1) had　(2) could　(3) were, could
(4) could, if, were　(5) were not, could
(6) If, were, would　(7) had an, would
(8) could get　(9) had, what would, for
(10) were, what would　(11) could, would
(12) as if, knew　(13) as if, were
3 (1) would[could]　(2) wish, could
(3) wish, would　(4) wish, could
(5) wish, loved　(6) wish, could
(7) wish, could

Try!　本冊 ➡ p.62

1 (1) had, could　(2) were, would
(3) didn't　(4) could　(5) were
2 (1) would, could　(2) were, be
(3) were, could　(4) could　(5) would
3 (1) studied, would　(2) felt, could
(3) were, would
4 (1) If my father had a car, he would drive
to work
(2) Mike is walking as if he were a model
(3) I wish Kate would join our team for
the next game
(4) If your mother saw you now, she
would be proud of you
5 (1) もし私がたくさんのお金を持っていたら，世
界中を旅するのに。
(2) もしあなたがタイムマシンを持っているな
ら，どの時代を訪れますか。
(3) もし私が魔法のランプを持っているなら，あ
なたの願いを叶えられるのに。
6 (1) If I were you, I wouldn't[would not]
choose that way.
(2) I wish I could swim.
(3) If I had wings, I could fly to him.

解説
1 (2)(5) be動詞の場合は主語に関わらずwereを使う。
2 いずれも現実に反することを仮定して述べた仮定
法の文。仮定法の文では，動詞や助動詞の過去形
を使う。
(3) astronaut「宇宙飛行士」。space「宇宙」
3 (1) doesn't study hard, (2) feel sick, (3) is
closedの各動詞を逆の意味をもつ語にし，仮定
法の文「もし～だったら，…できた」の文で表す。

4 (1)(4) 仮定法の文では，助動詞は過去形にする。

5 (3) wish come true「願いが叶う」

6 (1) If I were you「もしあなたが私だったら」は仮定法でよく使われるフレーズ。
(1)(3) if〜を文の後半に置くのも可。

入試対策編

1 不定詞と動名詞 　　　　　本冊 ➡ p.64

ステップアップ学習

和訳

(1) A：私の夢は映画俳優になることです。
B：それはすばらしいですね。いつかあなたの映画を見ることを楽しみにしています。
(2) A：このプロジェクトを手伝ってくれてありがとう。
B：それを聞けてうれしいです。

Challenge!

1 (1) イオアエウ　(2) イウアエ
(3) イオエアウ　(4) オウアイエ
2 (1) エ　(2) ウ　(3) イ
3 (1) playing　(2) hear　(3) cleaning

解説

1 (1) It is … to 〜.で「〜することは…だ」という意味。
(2) to see the snow festivalで「雪まつりを見に行くために」という不定詞の副詞的用法。
(3) enough timeをto prepareが後ろから修飾している。不定詞の形容詞的用法。
(4) 〈want＋人＋to do〉で「人に〜してほしい」という意味。

2 (1) forの後ろには動名詞の形が来る。perfect for wearing in winter「冬に着るには最高の」
(2) decide to do「〜することを決心する」
(3) be interested in 〜で「〜に興味がある」。inの後ろには名詞か動名詞がくる。

3 (1) love 〜ingで「〜することが大好き」という意味。loveの後ろにはto不定詞を使うこともできる。
(2) happy to doで「〜してうれしい」という意味。
(3) finish 〜ingで「〜し終える」という意味。finishの後ろにはto不定詞は使えない。

和訳

1 (1) A：数学のテストはとても難しかったよ。
B：本当？　私には全部の質問に答えるのは簡単だったわ。
(2) A：冬休みはどこに行った？
B：「雪まつり」を見るために家族と札幌に行ったよ。

(3) A：次の金曜にはテストがあるね。数学が心配だわ。
B：僕もだよ。でも僕たちにはそれに備えるための十分な時間がまだあるよ。
(4) A：放課後サッカーしようよ。
B：ごめんね，できないんだ。母が，今日は僕に早く家に帰ってきてほしいって。

2 (1) A：この服は必要ない。リサイクルするためにお店に行くつもりだよ。
B：あれ，でもこのジャケットはまだ状態がよさそうだよ。
A：それほしい？　あげるよ。
B：ありがとう。冬に着るのにぴったりだよ。
(2) A：今朝は朝食を食べる時間がなかったんだ。とてもお腹がすいているよ。
B：君はよくそう言ってるね。もっと早く起きなきゃ。
A：わかってるよ。だから11時前には寝ることに決めたよ。
(3) A：誰がこの本を君に紹介したの？
B：ロイだよ。この本のおかげで僕はリサイクルに興味を持ったんだ。
A：いい本みたいだね。君が読み終わったら借りてもいい？
B：もちろん。

3 (1) A：スポーツは好き？
B：うん。友達と一緒にサッカーをするのが大好きなんだ。
(2) A：おいしい夕食をありがとう。君は料理が上手だね。
B：どういたしまして。それを聞いてうれしいわ。また来てね。
(3) A：とても忙しそうだね。大丈夫？
B：3時までに部屋の掃除を終えなければならないんだ。手伝ってくれない？
A：もちろん。

2 時制 　　　　　本冊 ➡ p.66

ステップアップ学習

和訳

(1) A：私の姉[妹]は，ふつう土曜日にピアノのレッスンがあるの。
B：私もよ。でも先週は日曜日にレッスンをしたわ。
(2) A：来週の週末はスタジアムで野球を見る予定なんだ。ワクワクしているよ。
B：昨日スタジアムにはとても多くの人がいたよ。気を付けてね。
(3) A：僕はこの市に住んで3年になります。あなたはどうですか。
B：私はここに1979年に引っ越してきました。この場所が大好きです。

11

(4) A：僕が昨夜君に電話したとき，君は何をしていたの？
　　B：その時私は宿題をしていたわ。とても難しかったの。

Challenge!

1 (1) **イアオエウ** (2) **アエウイオ**
　　(3) **ウアオイエ** (4) **オイアエウ**
2 ① to cook ② gave
　　③ finishes[is finished]
3 (1) (A) **エ** (C) **ウ** (E) **ア**
　　(2) bought
　　(3) beautiful that I can't eat

解説

1 (1) playing tennis in the park が the boy を
　　後置修飾している。
　　(2) do a good job で「うまくやりとげる」。
　　(3) 経験を表す現在完了形が使われた文。数をたず
　　ねる疑問文は How many ～? で表す。
　　(4) next weekend（来週末）があるので未来の文。
2 ① 未来を表す be going to do の形にする。
　　② 過去のことなので過去形にする。
　　③ 未来のことを表す副詞節では動詞は現在形。
3 (1) (A) for the first time「はじめて」
　　(C) try ～「～を試す」。ここでの場合は「食べて
　　みる」。
　　(2) (B) last week があるので過去形にする。
　　(3) (D) so ～ that ...「とても～なので…だ」

和訳

1 (1) A：公園でテニスをしている男の子は僕の兄［弟］
　　だよ。
　　B：そうなんだ。わあ，彼はテニスが上手だね。
　　(2) A：私の手作りの人形を見て。かわいくない？
　　B：なんてかわいい人形なの。よくやったわね。
　　(3) A：あなたは何か国訪れたことがある？
　　B：3か国よ。ドイツ，カナダ，オーストラリアよ。
　　(4) A：来週末，雨は降ると思う？
　　B：降らないと思うよ。
2 今日，両親はとても忙しいです。だから，私は両親の
　　ために今夜カレーライスを作るつもりです。昨日，祖
　　母が私たちにくれた新鮮な野菜を使う予定です。学
　　校が終わったら買い物に行きます。両親が私のカレー
　　ライスを気に入ってくれるといいなと思います。
3 ベス：私ははじめてこの和菓子の店に来たわ。
　　ミナミ：本当？　先週このお店で桜餅を買ったの。と
　　てもおいしかったわ。
　　ベス：あら，ここにはいろんな種類の和菓子があるの
　　ね。桜餅はどれ？
　　ミナミ：見て。これが桜餅よ。これにする？　それと
　　もほかの和菓子にする？　どの和菓子が食べたい？
　　ベス：あら，私にはとても難しい質問ね。このお店の
　　和菓子一つひとつが美しすぎて食べられないわ。

ミナミ：じゃあ，和菓子を食べる前に写真を取りま
　　しょうよ。あとで写真の中の美しい和菓子を見て
　　楽しめるわよ。
ベス：それはいい考えね。

3 長文読解問題　　　　　本冊 ➡ p.68

ステップアップ学習

和訳

　私の祖母は野菜を育てるのが好きです。彼女の家の側に
はトマト，ジャガイモ，スイカがあります。昨日，彼女は野
菜に水をやっていました。だから，妹［姉］と私は彼女の手
伝いをしました。彼女はとても喜んでいました。そのあと，
彼女は私たちに新鮮なスイカをくれました。

Challenge!

1 **ア**
2 **イウア**
3 Ⓐ **イ** Ⓑ **ア**
4 **エ**

解説

1 1文目に「テレビは世界中の人々の生活を変えた」
　　とあることから，アのpopularを入れると「テレビ
　　は情報を得るのに最も一般的な方法の1つになっ
　　た」という自然な流れになる。
2 まず，選択肢の3つの文を和訳する。「ア　それらの
　　うちの1つはこの赤いTシャツだ」，「イ　しかし，
　　試合を見ることははじめてだったのでとてもワクワ
　　クした」，ウの「試合のあと，スタジアムでたくさ
　　んのものを買った」。次に，空所の前後の文を確認
　　する。空所の直前には「試合の間，雨が降っていた」
　　という意味の文，空所の直後には「今，それは私の
　　お気に入りのTシャツだ」という意味の文が来てい
　　る。Tシャツの話題に沿うのはアなので，アは最後
　　に持ってくる。そして，全体の文の流れを考えると，
　　イ→ウ→アの順を導きだせる。
3 Ⓐ　1文目の「私たち人間は1日に15,000回まばた
　　きをする」，2文目の「まばたき1回はたった0.3
　　秒である」という2つの文をまとめたものが3
　　文目。「まばたきによって私たちは毎日75分間
　　目を閉じている」ということになる。計算する
　　と，15,000×0.3＝4,500（秒），4,500秒＝75分。
　　Ⓑ　「私たちは集中しているとそんなに多くまばた
　　きをしない」とあるので，5文目の前半に述べら
　　れている15回よりも少ない数を選ぶ。
4 「多くの日本人は，虹は7色に見えるというが，ア
　　メリカでは6色に見えるという人もいる。また，ほ
　　かの文化では5色という人もいる。それぞれが正

解である。なぜなら文化が違うからである」といった内容を述べていることから，エの「違いを理解することによって違う考え方について知ることができる」が正解。

和訳
1 テレビは世界中の人々の生活を変えました。今日，テレビは情報を得る最も一般的な方法の1つです。「テレビジョン」は1つの言葉ですが，「テレ」と「ビジョン」という2つの言葉からきています。「テレ」は「遠く」という意味で，「ビジョン」は「映像」という意味です。あなたは，なぜ私たちはこの機械を「テレビジョン」と呼ぶか，もうわかりますね。

2 私の週末について話そうと思います。土曜日に，私は家族と一緒にサッカーの試合を見るためにスタジアムに行きました。試合の間，雨が降っていました。しかし，試合を見ることははじめてだったので，とてもワクワクしました。試合のあと，スタジアムで私はたくさんのものを買いました。その中の1つが，この赤いTシャツです。今は，それが私のお気に入りのTシャツです。次にスタジアムに行くときに，それを着ようと思います。

3 私たちは1日に約15,000回まばたきをします。それぞれのまばたきはたった0.3秒の長さです。このことは私たちが起きている間75分間も目を閉じていることを意味しています。私たちの多くは1分間に約15回まばたきをしていますが，集中しているときはそんなに多くまばたきをしません。例えば，友達と話しているときはふつう1分間に約15回くらい瞬きをしますが，本を読んでいるときは1分間に10回くらいしかまばたきをしません。だから，今はあなたはそんなにまばたきをしていないと思います。なぜなら，これを読むのに集中しているからです。

4 虹の中に色がいくつ見えますか。ほとんどの日本人は7色あると答えます。赤，オレンジ，黄色，緑，青，藍色，そして紫です。アメリカ人には6色だという人もいるかもしれません。ほかの文化では，5色だという人もいます。これらの考えはすべて正解です。なぜなら，私たちはみな違うからです。もし違いを理解すれば，世界を違う見方で見ることができます。

4 対話文読解問題
本冊 ➡ p.70

ステップアップ学習

和訳
ローラ：「リトル・ドッグ」の映画を見に行こうよ。アメリカからきたいい映画だよ。
トモコ：ごめんね。もうそれを見たことがあるの。
ローラ：じゃあ「フローズン・プリンセス」はどう？

Challenge!
1 ① エ ② イ ③ ウ ④ ア
2 ① ウ ② ア
3 (1) ㋭got a letter
 (2) ㋭Shall we go to
   [Why don't we go to]

解説
1 ①②は空欄の直前の文，③④は空欄の直後の文に注目する。
2 ① But can I leave her message?は「でも彼女に伝言を残していいですか」という意味。「彼女（カオリ）に電話をかけなおさせましょうか」というアヤに対して，リンダは「大丈夫です」と答えているが，その後，伝言を残している。このことから，ウが正解。
 ② She isn't home now.は「彼女は今家にいません」という意味。リンダの「カオリはいますか」という発言に対して，アヤが「ごめんなさい」と答えた次に入るので，アが正解。
3 (1) 次の文に「彼は大阪での暮らしについて書いている」とあるので，「手紙をもらった」という意味の英文を書く。
 (2) 最後がクエスチョンマークなので，Let'sは使えない。

和訳
1 A：疲れているようだね。どうしたの？
 B：宿題をたくさんやったのよ。すごく時間がかかったわ。
 A：大変そうね。もう全部終わらせたの？
 B：まだよ。
 A：リラックスするためにお菓子はどう？
 B：ええ，いただくわ。
2 リンダ：もしもし。リンダです。カオリさんはいますか。
 アヤ：ごめんなさい。今留守なの。
 リンダ：何時ごろ戻るの？
 アヤ：ええと，わからないわ。あとで彼女に電話をかけさせましょうか。
 リンダ：いいえ，大丈夫よ。でも伝言を残してもいいかしら。
 アヤ：もちろん。
 リンダ：私たちは今夜6時に会う予定なんだけど，時間を変更したいのよ。7時に来るように伝えてもらえるかしら。
 アヤ：わかりました。彼女に伝えますね。
3 グレンダ：あなたのお兄さんのハルキに長いこと会っていないわ。彼は元気？
 ケンジ：元気だよ。昨日兄から手紙が来たんだ。彼の大阪での生活について書いてあったよ。
 グレンダ：あら，それはよかったわね。彼はそれを楽

しんでるの？

ケンジ：うん。僕たちに会いたがっているよ。一緒に大阪に行かない？

グレンダ：ぜひ，そうしましょう！

ケンジ：わかった。彼に伝えるね。

5 絵・図・表を読み取る問題

本冊 ➡ p.72

ステップアップ学習

和訳

ア 先週の日曜日，ケンタはいちばん長い時間ギターを練習しました。

イ ケンタは先週，毎日ギターを練習しました。

ウ ケンタは，土曜日よりも月曜日のほうが長い時間ギターを弾きました。

エ ケンタは，火曜日に金曜日と同じくらいの時間ギターを弾きました。

Challenge!

1 (1) ① イ ② ウ

(2) A ウ B イ C ア D エ

解説

1 (1) ① イが第1段落の内容と合致。アキラがオーストラリアで滞在したのはインド出身のホストファミリー宅だった。

② ウが第4段落の内容と合致。最終文でアキラは「移民についての勉強を続けます」と言っている。

(2) 第3段落の後半に情報がある。「10,000人以上がアメリカにいた」のでAはアメリカ。「カナダのほうがオーストラリアよりも多かった」のでBがカナダ，Cがオーストラリア。「ブラジルは3つの国の次に来る」のでDがブラジル。

和訳

1 私はオーストラリアでホームステイをしました。私は，ホストファミリーのところに滞在しました。私のホストファーザーとホストマザーは，インドから来た移民でした。私は，オーストラリアでインド出身の人たちと過ごしたのです。とてもおもしろかったです。私のホストマザーはこう言いました。「オーストラリアにはいろいろな国から来た移民がたくさんいるのよ」と。

私は和歌山に帰ってきたとき，自分の家族にオーストラリアの移民について話しました。私の父はこう言いました。「いい経験をしたね。ええと，約100年前，和歌山出身の多くの移民が外国で働いたんだ。彼らはまた，外国の文化を和歌山に紹介してくれたんだ。ある場所では西洋式の家が見られるよ」と。私は，和歌山出身の移民についてもっと知りたくなりました。そこで，私は彼らについて調べました。

最初に，外国にいる和歌山出身の移民の数を調べ

ました。それから私は彼らについてのグラフを作りました。移民はいろいろな国に行きました。グラフを見てください。これは，1927年に外国に住んでいた人の数を示したものです。グラフにある国々は，和歌山出身の移民が多くいた上位4か国です。多くの人がオーストラリアに住んでいましたが，より多い人数がカナダに住んでいました。1万人以上がアメリカに住んでいました。ブラジルはこれらの3か国の次に来ています。

和歌山出身の移民について調べることはとてもおもしろいです。私は今も，多くのことを知りたいと思っています。例えば，彼らが外国でしていた仕事を知りたいです。これからも移民について調べたいと思います。

6 長文総合問題

本冊 ➡ p.74

ステップアップ学習

和訳

あなたはネコは好きですか。ネコは世界中で人気のあるペット動物です。人とネコは1万年もの間よい関係にあると言います。しかし，あなたはネコがいつ日本に来たか知っていますか。ネコは中国から奈良時代に日本に持ち込まれたと言われています。ネコは寺で重要な経典をネズミがかじってしまうことから守りました。平安時代には，上流階級の人たちがネコをはじめてペットとして飼いはじめました。ネコは江戸時代初期にネズミ駆除をしてくれる動物としてより人気が高くなっていましたが，当時ネコはとても高価でした。代わりに，人々はネコの絵が描かれたお守りを買って，ネズミ除けをしました。ネコは明治時代から人々により近い存在になり，今日多くの人が家族の一員としてネコを飼っています。

Challenge!

1 (1) エ

(2) バナナの葉を強くして，バナナの葉の皿をより長く使うこと。

(3) ア

解説

1 (1) 空所の直後の文には，バナナの食べ方の例が挙げられているため，空所にはways（方法）が入る。

(3) 筆者が伝えたいことは，「バナナのように，身近なものを利用することで地球を救う新しいアイデアがあるかもしれない」ということ。

和訳

1 バナナが好きだという人は多いです。世界中で，バナナの食べ方をたくさん見つけられるでしょう。例えば，ケーキやジュース，サラダ，そしてスープにさえ入れてしまう人もいます。バナナはとても健康にもよく，ほかにもよい点がたくさんあります。実際に，バ

ナナはプラスチック問題を解決してくれるかもしれません。

　インドに住む人の中にはバナナの葉をお皿として使ってきた人もいますが、その皿はほんの数日しかもちません。今日、ほかの国と同じように、インドの人々もプラスチックでできたものをたくさん使っています。例えば、彼らはプラスチックの皿を使います。その皿が使われたあとは、たいてい捨てられてしまいます。それは非常に大きな問題になっています。ある日、あるインド人の男の子がその問題を解決しようと決心しました。彼はバナナの葉をより強くして、バナナの葉の皿をより長く使いたいと思いました。彼はバナナの葉について調べ、そしてついに彼は成功しました。今、彼らはプラスチックの皿を減らすことができます。

　それだけではありません。トルコの女の子は、石油からできたプラスチックを減らしたいと思いました。それから彼女は、バナナの皮に注目しました。なぜなら、世界の多くの人はそれらを捨てているからです。ついに、彼女は地球にやさしいプラスチックの作り方を発見しました。彼女はそれを発見する以前、家で何度も挑戦しました。2年間の努力ののち、彼女はその種類のプラスチックを作ることができました。彼女は、バナナの皮からプラスチックを作ることは簡単なので、だれでも家でそれを作ることができると言っています。

　今、バナナが持っているすばらしい点をあなたは理解しました。バナナは人気のある食べ物であるのと同時に、地球を救うこともできるのです。

(3) 世界の多くの人は、バナナを食べることが好きです。ある人はバナナの葉や皮をプラスチックを減らすために使っています。あなたもまわりを見渡せば、地球にやさしい何かを作る新しい考えを見つけることができるかもしれません。

総合テスト
本冊 ➡ p.76

1 ① is spoken　② belonged　③ listening

2 ウイア

3 (1) 例Where were they from?

(2) A エ　B ア

(3) 早紀が、人々とよい関係をつくることの重要性に気づいたこと。

4 (1) ア　(2) エ　(3) ウ

5 ① エ　② イ　③ ウ

6 (1) イ, オ

(2) Because it had his favorite player's autograph.

解説

1 ① 「フランス語はカナダで話されている」という意味になるように、受け身の形にする。

② belong to ～「～に所属する」

③ enjoyの後ろなので動名詞にする。

2 空所の直後の文では「3日目に食べたすしがおいしかった」と述べられているので、アの「私はいろいろな種類の料理を楽しんだ」を3番目にもってくる。そして、空所の直前の文で「寒いので私はあまり旅行を楽しめないと最初は思っていた」に続くのは、ウ「実際は楽しかった」なのか、イ「例えば、スキーやほかの冬のスポーツを楽しんだ」のかを考える。

3 (1) 空所の直後にThey were from New Zealand.とあることから、出身地を聞く表現Where were they from?が入る。

(2) A：直前の文「マイクは嬉しそうではなかった」と、直後の文「じゃあなぜ休暇がすばらしかったの？」から、間に入る内容を推測する。

B：空所の直前に「日本の映画について話をしたこと」が書かれていることに注目する。

(3) このThatは、直前の早紀の発言内容を受けている。

4 (1) both of ～の後ろにくる代名詞は目的格。バナナとオレンジを指すのはthem。

(2) is sung「歌われている」と受け身にする。

(3) help yourself「ご自由にどうぞ」

5 ① 「私たちの町にある美術館に行ったことはある？」という質問に対し、Yesと答えていることから、エの「僕の日本人の友達が連れて行ってくれた」が入る。

② 「近くにスタジアムはあるの？」という質問に対し、Yes！と答えているので、イの「隣の町にある」が入る。

③ 空所③の直前の文では「そこで君と一緒にそれを見たい」と話しており、空所③の直後の文ではOKと答えているので、ウの「今週末、そこへ一緒に行かないか」と誘っている文が入る。

6 (1) 千香の3番目の発言がイと合致。友紀の3番目と5番目の発言がオと一致。

(2) 幸太の5番目の発言内容をまとめる。Whyで聞かれているので、Becauseで書き始め、人称代名詞の書き換え(my→his)にも注意する。

和訳

1 今日、私は新しく来たALTの先生の授業をはじめて受けました。彼は私たちに自己紹介をしてくれました。彼はカナダ出身です。彼は英語とフランス語を話すことができます。フランス語はカナダで話されています。私はそのことを知りませんでした。彼は大学に

いたときはテニス部に所属していたそうです。私は彼の話を聞くことをとても楽しむことができました。

2　私は冬休みにはじめて家族と一緒に北海道に行きました。最初，私は旅行を楽しめないと思っていました。なぜなら，北海道はとても寒いからです。しかし，私はとても楽しむことができました。例えば，私はスキーやほかの冬のスポーツを楽しみました。私はまた，いろいろな料理を食べました。3日目に食べたすしは，おいしかったです。また行きたいです。

3　トム：早紀，休暇はどうだった？
　早紀：すばらしかったわ。外国からきた学生を英語で案内するというプログラムに参加したわ。3人の学生が私たちの町に来たのよ。
　トム：そうか。彼らはどこから来たの？
　早紀：ニュージーランドよ。私は学生の1人のマイクを案内したの。
　トム：そう。どうだった？
　早紀：午前中，問題が起こったの。私は彼に自分の名前だけを伝えて，彼に案内を始めたの。ガイドブックに載っている情報を彼に伝えたわ。だけど，彼は楽しそうではなかった。私はどうしたらいいかわからなかったの。
　トム：じゃあ，なんで休暇がすばらしかったの？
　早紀：お昼ごはんを食べたとき，私たちは趣味や学校のことなどを話したの。そのあと，マイクは私にある本を見せてくれたわ。その本は，日本の映画についての本だった。私も日本の映画が大好きなの。私たちはニュージーランドで人気のある日本映画について話したの。
　トム：それはよかったね。日本の映画について話をするって楽しそうだね。昼食の時間，君はマイクといい関係を築けたんだね。
　早紀：そうよ。マイクとの昼食の時間はとても楽しかったわ。午後には私たちはお寺に行ったの。私は彼にまた案内をしたわ。彼はとても楽しそうで，お寺について私にたくさんの質問をしてくれた。私は彼の質問に答えたの。マイクはほほえんでいたわ。マイクが興味を持ってくれてとてもうれしかった。
　トム：マイクは君といい時間を過ごしたと思うよ。
　早紀：ありがとう。私は人々とよい関係を築くことの大切さを知ったわ。
　トム：それはよかった。
　早紀：旅行者とよい関係を築くことで，私たちは彼らの滞在をよりよいものにできるのね。
　トム：その通りだね。

4　(1) A：これらのバナナとオレンジはとてもおいしそうですね。
　　　　B：そうですね。明日の朝食はどちらを食べたいですか。
　　　　A：両方買いましょう。私は，果物は全部大好きです。
　　(2) A：あなたはピアノがとても上手ですね。

　　　　B：ありがとう。この曲を歌えますか。
　　　　A：はい。この曲は，日本では音楽の授業でよく歌われています。
　　　　B：あら，そうなのですか。歌ってください。私はピアノを弾きます。
　　(3) A：グリーンさん，全部とてもおいしかったです。特にケーキがおいしかったです。もう一切れ食べてもいいですか。
　　　　B：もちろんです。ご自由にどうぞ。

5　リサ：やあ，ジム。来月北海道を発つって聞いたわ。
　ジム：そうなんだよ，リサ。日本を発つ前に何をすべきかな。
　リサ：私たちの町にある美術館に行ったことはある？
　ジム：うん。僕の日本人の友達がそこに連れて行ってくれたよ。すばらしかったよ。
　リサ：あら，そう。それじゃ，北海道でバスケットボールの試合を見たことはある？
　ジム：ないよ。ここの近くにスタジアムがあるの？
　リサ：あるわ。隣町にね。私たちの町の多くの人たちは試合を楽しんでいるわ。
　ジム：それはいいね。そこで君と試合が見たいよ。今週末一緒に行くっていうのはどう？
　リサ：いいわね。行きましょう。

6　千香：この写真を見てください。美しい星が見えるでしょう。この夏に家族と一緒にキャンプに行ったときに，私はこの写真を撮りました。夜になったとき，私は空にたくさんの星を見て感動しました。美しい空の下で，私の母が，星に関するいくつかのおもしろい神話について話してくれました。私はその夜のことを決して忘れることができません。聞いてくれてありがとうございました。
　幸太：ぼくは，この特別なボールをどうやって手に入れたかお話ししたいと思います。僕は野球が大好きで，よくプロ野球の試合を見にスタジアムに行きます。ある日，僕の好きな選手がホームランを打ち，彼のチームが勝ちました。試合のあと，何人かの選手がボールを投げてくれ，僕はグローブでこのボールをキャッチしました。僕はとても驚きました。なぜなら，僕の好きな選手のサインがしてあったからです。だから，このボールは僕の特別なボールになったのです。終わります。
　友紀：これは私の大好きな本です。私の誕生日に，私の友達がこの本をくれました。これは冒険に関するものです。そのとき，私は読書にそんなに興味はありませんでしたが，それを読んでみました。実際，とてもワクワクして，私は1日でそれを読んでしまいました。そのとき以来，私は多くの本を読んでいます。私は本は私を違う世界に連れて行ってくれて，私は違う人になることができると思っています。みなさんも，もっと本を読んでみてはいかがですか。